LIBRA del MASCHIO ALFA

CARISMA,
TECNICHE DI SEDUZIONE,
FASCINO.
AUTOIPNOSI, MEDITAZIONE,
AUTOSTIMA.
LINGUAGGIO DEL CORPO,
CONTATTO VISIVO,
APPROCCIO.
ABITUDINI E AUTODISCIPLINA
DI UN VERO UOMO ALFA.

Sean Wayne

Copyright © 2021. Tutti i diritti riservati.

Il contenuto di questo libro non può essere riprodotto, duplicato o trasmesso senza il diretto permesso scritto dell'autore o dell'editore.

In nessuna circostanza sarà attribuita alcuna colpa o responsabilità legale all'editore, o autore, per eventuali danni, riparazioni o perdite monetarie dovute alle informazioni contenute in questo libro, direttamente o indirettamente.

Disposizioni giuridiche:

Questo libro è protetto da copyright. È solo per uso personale. Non è possibile modificare, distribuire, vendere, utilizzare, citare o parafrasare alcuna parte o il contenuto di questo libro senza il consenso dell'autore o dell'editore.

Avviso di esclusione di responsabilità:

Si prega di notare che le informazioni contenute in questo documento sono solo a scopo educativo e di intrattenimento. È stato fatto tutto il possibile per presentare informazioni accurate, aggiornate, affidabili e complete. Nessuna garanzia di alcun tipo è dichiarata o implicita. I lettori riconoscono che l'autore non è impegnato nella fornitura di consulenza legale, finanziaria, medica o professionale. Il contenuto di questo libro è stato derivato da varie fonti. Consultare un professionista autorizzato prima di tentare qualsiasi tecnica descritta in questo libro.

Leggendo questo documento, il lettore accetta che in nessuna circostanza l'autore è responsabile per eventuali perdite, dirette o indirette, subite a seguito dell'uso delle informazioni contenute in questo documento, inclusi, ma non limitati a, errori, omissioni o inesattezze.

Indice

INDICE 7

INTRODUZIONE 11
   Incontra Sean Wayne 15

CAPITOLO 1 IL MASCHIO ALFA 17
   Le Caratteristiche da Maschio Beta che Ti Rendono Poco
   Attraente 19
      Il Bisogno dell'Approvazione 20
      Tenere il conto 21
      Evita di Prendere altri Incarichi 22
      Linguaggio del Corpo Sottomesso 23
      Possiedi Queste Qualità? 24
   Conseguenze del Non Essere un Maschio Alfa 26
      Mancanza di Attrazione 26
      Nervosismo e Ansia 26
      Mancanza di Autostima 28
   Caratteristiche Essenziali di un Maschio Alfa 30
      Assertivo e Persuasivo 31
      Un Vero Gentiluomo 32
      In Grado di Fidarsi di Sé 33
      Auto-evoluzione e Maestria 34

CAPITOLO 2 TUTTO INIZIA DA DENTRO 35
   Accettazione di Sé 36
      Incondizionato e Liberatorio 36
      Sii Più Gentile con Te Stesso 37
   Trasforma la tua Mentalità 38
      Una Mentalità Orientata alla Crescita 38
      Gli Alfa Non lo Fanno 39
      Gli Alfa lo Fanno 41

CREARE RESILIENZA MENTALE E TENACIA 42
  Identificazione della Negatività *42*
  Le Fasi per Sviluppare la Resilienza Mentale e la Tenacia 43
L'ARTE DELLA FIDUCIA 44
  Conquista della Fiducia *45*
  Fiducia come Stato Mentale *46*
IL RUOLO DELLA MEDITAZIONE 46
  Altri Vantaggi della Meditazione *47*
  Meditare in Modo Efficace *48*
UTILIZZO DELL'AUTOIPNOSI 49
  Più Focalizzato sugli Obiettivi che sulla Meditazione *49*
  Migliora la Fiducia e l'Autostima *49*

CAPITOLO 3 CATTURARE IL LORO SGUARDO 51

PSICOLOGIA DELL'ATTRAZIONE 51
  Attrazione Fisica *53*
  Attrazione Psicologica *54*
  Attrazione Comportamentale *54*
PERCHÉ L'ASPETTO È IMPORTANTE 55
  Indica il Rispetto di Sé *56*
  Sentiti Bene e Mostra un Aspetto Sano *56*
  Attrazione Sessuale *57*
  Autostima *57*
IGIENE E TOELETTATURA 58
  Testa e Viso *59*
  Corpo *61*
ABBIGLIAMENTO E VESTIARIO 62
  Abbigliamento: cose da fare e da non fare *62*
  Vestirsi per l'occasione *64*
  Accessori *65*
  Regole della moda da rispettare *65*
ESSERE IN FORMA 66
  Sistema la Tua Dieta *67*
  Regime di Allenamento *68*
PROIETTARE FIDUCIA 70
  Postura e Movimenti Sicuri *70*

CAPITOLO 4 ARRIVARE PRIMA DEGLI ALTRI 73

L'ARTE DELL'APPROCCIO 73
   Osserva e Valuta 74
   Fatti Sentire e Non Vedere 75
   Fai la Tua Mossa 76
LA CONVERSAZIONE 78
   Parla Chiaramente 79
   Rispetta il Suo Tempo 79
   Preparati al Rifiuto 80
CARISMA 80
   Presenza 81
   Forza 82
   Calore 82
CHARME 83
   Una semplice equazione 84
   Usare lo Charme 84
L'ARTE DEL LINGUAGGIO DEL CORPO 85
   Leggere il Linguaggio del Corpo 87
   Vorrà o non vorrà? 88

CAPITOLO 5 MANTIENI VIVO L'INTERESSE 91

FLIRTARE 101 91
   Non Scadere nei Cliché 92
   Resta disinvolto 93
   Uso Simpatico dei Doppi Sensi 94
TRATTALA BENE 95
   Le Piccole Cose 96
   Rispettala Come Persona 96
   Lascia Che Anche Lei Prenda il Controllo 97
L'ARTE DELLA CONVERSAZIONE 98
   Tenere un'Ottima Conversazione 99
   Tono di voce 101
   Continua ad Ascoltare 103
IL TOCCO 103
   Creare l'Intimità 104
   Il Tocco Sessuale 105
   Altri Tipi di Tocco 106

CAPITOLO 6 OTTIENI IL TUO OBIETTIVO 109

INVITO PER IL SESSO 110
   Il "Dai, Vieni" 110
   Prima dei Preliminari 112
   Incontri Occasionali 113
CONSENSO 114
   Cerca i Segnali 115
   Sii Empatico 116
   Accettazione del Mancato Consenso 117
DARE PIACERE SESSUALE AD UNA DONNA 119
   Educa Te Stesso 119
   Tieni Conto dei suoi Bisogni 120
   Gestire le Aspettative 124
COMUNICARE SU TUTTO 125
   Problemi di Fiducia in Sé Stessi 126
   Evita la Vergogna e la Mancanza di Rispetto Verbale ... 126

CAPITOLO 7 SVILUPPARE E MANTENERE LA TUA CAPACITÀ DI ALFA 129

AUTO-MIGLIORAMENTO CONTINUO 130
   Migliorare te stesso mentalmente 131
   Migliorare te stesso fisicamente 132
   Migliorare te stesso emotivamente 133
CAPIRE IL TUO STILE DI VITA 134
   Agire in modo responsabile 134
   Organizza le Tue Spese 135
   In Continua Evoluzione 136
AFFIDATI ALL'ORGOGLIO 137
   Crea una Lista dei Desideri 138
   Segna i tuoi progressi 139
   Gestisci il Tuo Tempo 140
AUTODISCIPLINA 142
   Sviluppa l'autodisciplina 143
   Mancanza di disciplina 144

CONCLUSIONI 147

AFFERMAZIONI SULL'AUTOSTIMA 149

Introduzione

"La forza del maschio alfa viene dall'interno, non ci si basa su fattori esterni per ottenere la propria felicità, gioia e contentezza."

- *Asad Meah*

Sia che tu non abbia fiducia in te stesso o che tu sia privo di autostima o che tu stia cercando di migliorare la tua persona, sia che tu voglia lavorare sulle tue relazioni e sugli appuntamenti o semplicemente desideri ottenere più successo, questo libro metterà in evidenza tutti gli aspetti chiave necessari per costruire e sviluppare le qualità di un maschio alfa: una persona che affascina, attrae, raggiunge gli obiettivi e ha molto da offrire.

Ovviamente, se hai preso in mano il libro è perché hai sperimentato una giusta dose di problemi che, a prima vista, potrebbero non sembrarti nemmeno dei problemi. Forse ti sei talmente abituato a lasciare che queste difficoltà dettino il ritmo della tua vita, che alla fine ti sei arreso e arranchi nella vita senza alcun senso di realizzazione o progresso. Prova a rispondere alle seguenti domande:

Sei timido o ti manca la fiducia in te stesso, quando sei in compagnia di una donna?

Ti sembra che ti trascurino, ti ignorino e ti manchino di rispetto e per questo fai fatica ad avvicinarti alle persone per scambiare due chiacchiere?

Ti senti intimidito in presenza di altri uomini con personalità spesso prepotenti, più forti e persino più rumorose?

Ti capita mai di correre il rischio e prendere quello che vuoi?

Ad eccezione dell'ultima domanda, molto probabilmente hai risposto di sì a tutte le altre. E va bene porsi queste domande, in quanto ti aiuteranno a decidere se vuoi rimanere nello stato in cui ti trovi ora o se preferisci apportare dei cambiamenti positivi, capaci di arricchirti e di trasformare completamente la tua vita e il tuo atteggiamento, modificando di certo l'esito delle risposte.

Per riuscirci, dovrai capire cos'è che ti rende ciò che sei, e poi lavorare costantemente su come cambiare in qualcosa di diverso e migliore. Sei ancora un work in progress, indipendentemente dallo stato in cui ti trovi, e non è mai troppo tardi per lavorare su te stesso, al fine di poter ottenere notevoli miglioramenti. Potrebbe essere qualcosa di semplice, come capire come si muove la concorrenza e scoprire cosa piace alle donne degli altri uomini, o determinare cosa fare oggi per diventare un uomo più fiducioso e carismatico, domani. Potrebbe voler dire che tu debba guardare più in profondità dentro di te e rimanere fedele a te stesso, diventando anche più risoluto, più sicuro di te, più disciplinato.

Più alfa.

Ora probabilmente ti starai chiedendo come questo libro possa aiutarti a ottenere tutto questo. Forse stai addirittura mettendo in dubbio la veridicità di questo libro e stai anche pensando se potrai ricavarci un qualche profitto. Forse sei il tipo di persona che ha bisogno di vedere una checklist di tutto ciò che verrà trattato per capire se contiene qualcosa che possa avere un effetto immediato.

Molto bene, stai già dimostrando un po' di carattere in questo momento. Quindi facciamo proprio questo.

1. Le caratteristiche di un maschio alfa
2. Come avere più fiducia in te stesso ed essere interessante
3. Come migliorare il tuo aspetto
4. Come comunicare meglio
5. Come attrarre le donne e mantenerle interessate
6. Come mandare messaggi senza parlare
7. Come entrare in contatto con le donne mentalmente e fisicamente
8. Pratiche ed esercizi per aiutarti a migliorare
9. Come migliorare il tuo aspetto
10. Perseguire i tuoi obiettivi

Vedi qualcosa che ti piace? Più di una cosa? Allora questo è il libro giusto, in quanto acquisirai conoscenze e tecniche approfondite che ti aiuteranno a diventare un vero maschio alfa. Leggerai alcune ricerche ben documentate ed esperienze di professionisti nell'arte della trasformazione in un uomo che non solo starà bene con sé stesso, ma può anche far sentire bene chi gravita attorno a lui. Sarai ispirato e stimolato al tempo stesso e farai fatica a riconoscere la persona che eri prima, relegando chi eri in un lontano ricordo o in un brutto sogno.

E per ottenere tutto ciò, non devi ascoltare un signor chiunque.

Devi ascoltare ***Sean Wayne***.

Incontra Sean Wayne

Sean Wayne è un self-made Man, laureato in Relazioni Internazionali e Scienze Diplomatiche. Sa esattamente di cosa sta parlando grazie ai suoi intensi studi ed alla sua abilità nelle relazioni di ogni tipo. È un'autorità nello sviluppo della personalità perché per lui il lavoro, il benessere, la ricchezza e le relazioni amorose non sono solo una scienza esatta, ma anche un'arte nobile. Aiutare le persone a raggiungere il livello successivo per essere un Uomo è molto importante per lui, perché ciò che stai per imparare ha aiutato diversi Uomini ad acquisire la fiducia necessaria per ottenere ciò che vogliono. **Sean** è la persona perfetta per scrivere un libro come questo poiché, grazie all'esperienza di suo padre, un noto psichiatra, e alle sue capacità psicofisiche, è diventato un talento, e in seguito un guru della manipolazione psicologica, della persuasione e quindi... delle relazioni.

L'obiettivo che sta dietro alla scrittura è semplicemente quello di trasformare chiunque con qualsiasi tipo di background, educazione sociale e convinzioni personali in un Maschio Alfa al 100%, a tutto tondo. Non c'è modo migliore per farlo, se non quello di entrare nella psicologia, nelle abitudini, nel linguaggio verbale e non verbale, nel carisma, nell'autostima, nella visione e nella tenacia degli Uomini che hanno tutto, presentati da un Uomo che è un'autorità quando si tratta di essere appassionati ed entusiasti dei come e dei perché anche tu possa diventare un MASCHIO ALFA. Niente cazzate, niente pozioni magiche; solo fatti puri e concreti che potresti non aver mai realizzato, finché non hai preso in mano questo libro. Soprattutto, l'obiettivo di **Sean Wayne**, che ti concede l'accesso a questa Bibbia piena di segreti e strategie, è semplicemente quello di farti raggiungere l'apice del tuo potenziale in quanto Uomo. Il suo amore per l'argomento e la volontà di condividerlo con chiunque possa trarne vantaggio è una testimonianza di quanto desidera che tutti risolvano i loro dolori e il loro senso di inadeguatezza profondo e abbiano l'opportunità di raggiungere finalmente l'assoluto piacere che potevano, fino ad ora, solo sognare. Vivere la realtà di un vero MASCHIO ALFA.

Capitolo 1

Il Maschio Alfa

Se hai già preso in mano questo libro, c'è un'alta probabilità che tu l'abbia fatto perché senti che manca qualcosa nella tua vita. La copertina, il sottotitolo, il magnetismo dell'immagine che si è formata nella tua testa ti hanno detto che questo è ciò di cui hai bisogno in questo momento.

E guardare il libro è solo il grilletto. Lo vedi accadere intorno a te, sui social media, nei film, durante gli eventi che mostrano il famoso tappeto rosso e persino in quel ristorante di lusso di cui hai solo sentito parlare ma nel quale non hai mai nemmeno pensato di andare. Li hai visti scendere dalle loro auto ed è come se il mondo si muovesse automaticamente a rallentatore. I flash della fotocamera illuminano l'ambiente tutt'intorno e il suono dell'adulazione e degli applausi circondano l'area, tutti concentrati sull'unica persona che riesce ad attirare tutti su di sé.

Cosa c'è di così attraente in questa gente? È la persona, l'aspetto fisico, il fascino sottile che possiedono, ma che non mostreranno finché non sarà il momento giusto? Dominano la giungla moderna come un predatore dominante, scansionando con grazia e meticolosa attenzione tutti, in cerca della prossima vittima.

Lo sai chi sono. Sai esattamente di cosa sono capaci. Ma, cosa ancora più importante, sai che non sei uno di loro.

Non ancora, almeno.

Le Caratteristiche da Maschio Beta che Ti Rendono Poco Attraente

Ti starai chiedendo come sia potuto accadere. Come tu, una persona piacevole e potenzialmente affabile, possa essere finito dove ti trovi adesso, invece di essere una delle persone più illustri. Il fatto che tu non sia un maschio alfa non è solo un caso o il fatto di non essere nel posto giusto al momento giusto. Ci vuole dedizione, forza di volontà, perseveranza e, naturalmente, un atteggiamento da persona tutta d'un pezzo. Un maschio alfa riconosce il potenziale della sua stessa esistenza e usa ogni arma del suo arsenale per far sì che le cose avvengano per lui e per lui solo. E la prima cosa che riconosce è questa: non è secondo a nessuno.

In breve, per essere l'alfa, devi smetterla di essere il beta.

Ed è ora che tutto ciò che hai imparato durante la tua vita potrà essere messo in discussione e ti farà girare la testa. "Chi va piano, va sano e va lontano", "vai sul sicuro", "non correre rischi", ecc. sono alcuni dei modi di dire con cui sei cresciuto e potrebbero aver tenuto sotto controllo le tue ambizioni. Sembra la soluzione ideale per condurre un'esistenza semplice e banale senza correre rischi e uscire dalla tua zona di comfort. E certamente, se questo è ciò che ti piace, non vedi l'ora di tornare al tuo appartamento e di mangiare gli avanzi per cena davanti alla TV. Non dimenticare di rimettere il libro esattamente dove l'hai preso. Non ne avrai bisogno, in fin dei conti.

Ancora qui? Bene. Ciò significa che hai deciso di fare il grande passo. E per farlo, devi capire cosa ti trattiene.

Il Bisogno dell'Approvazione

Essere un beta non è affatto complicato. Osservare una persona e prenderla come modello e vedere che la sua vita si muove a un ritmo che non puoi neanche immaginarti ti metterà senza dubbio in soggezione. Naturalmente, il bisogno di compiacere gli altri può essere una forza trainante per quasi ogni aspetto della vita. Dall'essere il cocco di un insegnante o il bravo figlio che non sbaglia mai, fino all'essere il dipendente modello che comprende perfettamente il suo posto all'interno dell'organigramma aziendale, la vita da beta scorre come se fosse un'esistenza monotona e ordinaria che si potrebbe riassumere col concetto di "dalla culla alla tomba". Ma ammettiamolo, non si può davvero chiamarlo vivere, no? Non senza aver fatto qualcosa che si possa definire almeno un po' eccitante durante tutta la propria vita.

E se questo senso di realizzazione sta accendendo un fuoco dentro di te, allora ho delle buone notizie: c'è ancora speranza. Ma solo se capirai che il tuo ruolo secondario da beta non ti sta aiutando in alcun modo. Il fatto che tu viva in attesa dell'approvazione degli altri eleva solo la loro posizione in contrasto con la tua e non ti rende nient'altro che uno yes-man che preferisce che gli altri siano felici, a tue spese. Non vorresti altro che essere il bravo ragazzo su cui tutti possono contare per fare un ottimo gioco di squadra, ogni volta che qualcuno si trova a corto di chips, o per dedicare ore di lavoro extra, ogni volta che una scadenza si sta per avvicinare. Ecco chi sei: Mr. Affidabilità. Non dire mai di no, non esprimere mai la tua opinione e seguire il flusso ti ha reso docile e timido.

Potresti pensare di avere le tue ragioni per farlo. Forse sei il tipo che non vuole farsi dei nemici. Forse sei la persona che vuole essere apprezzata da tutti e odiata da nessuno. Forse preferiresti evitare una discussione riguardo alle più piccole minuzie dell'esistenza per evitare semplicemente qualsiasi seccatura. Ma una volta che inizi a mettere gli altri prima di te stesso, disintegrerai automaticamente la tua posizione non solo nella tua mente, ma nelle menti di tutti gli altri intorno a te. Potresti pensare che fare volontariamente dei turni extra ti renda una specie di eroe. In realtà, tutti sono sollevati che non sia toccato a loro, il che significa che hanno altri impegni nella loro vita, e questo dovrebbe farti preoccupare non poco.

Tenere il conto

Continui sempre a dare agli altri con l'aspettativa che prima o poi tu venga rispettato per l'aiuto concesso. Questa non è un'aspettativa irragionevole. Fare qualcosa per gli altri per risultare un vero gentiluomo e buttarsi a capofitto per salvare la giornata dal disastro totale è una cosa, ma un'altra cosa è dedicare totalmente tutti i tuoi sforzi e tutte le tue energie con la sola aspettativa che avrai qualcosa in cambio. Se non l'hai ancora capito, tutti sono in cerca del numero uno. E se stai facendo tutti questi favori perché pensi che prima o poi qualcuno ti verrà a tirare fuori dai guai, beh, ti è andata male (*Che Cos'è Un Maschio Beta?*, n.d.).

C'è un motivo per cui tutti possono contare sulla tua presenza quando hanno bisogno di aiuto, ed è perché non dirai mai di no. Magari ti chiederanno solo di coprirli o di occuparti dei compiti che preferirebbero non svolgere, proprio perché loro sono il tipo di persona che direbbe di no, se si trovassero al tuo posto. Mentre provi una sensazione di soddisfazione per aver aiutato il prossimo, loro se ne sono già dimenticati. Lontano dagli occhi, lontano dal cuore.

Evita di Prendere altri Incarichi

Essere nella posizione di un beta rende più sottomessi a una forza dominante. Il modo in cui è fatto un beta, il suo atteggiamento, il fatto che non corra mai un rischio o non faccia nulla per essere una persona che si possa ammirare: questo rende una beta molto più incline ad essere un follower piuttosto che un leader. Un leader è l'antitesi del loro essere, poiché li metterebbe in una posizione che richiede l'essere risoluti, efficienti, autorevoli e, soprattutto, ispiratori. Essere all'altezza del compito e pronto a cogliere l'occasione è naturale per un alfa, che lascia tutti i beta dietro di lui, pronti a seguirlo.

È qui che tu, in quanto beta, ti ritrovi. Preferiresti essere un follower che segue la scia di un alfa, ma questo è praticamente tutto ciò che sarai in grado di fare. Potrebbe essere a causa della necessità di approvazione o per non voler causare alcun tipo di rivalità nel prossimo. Peggio ancora, potresti non avere alcuna fiducia nelle tue capacità poiché non ti sei mai considerato una persona pronta a risolvere un problema. Tuttavia, fino a quando non interromperai il ciclo e non la smetterai di essere sottomesso e dipendente da qualcun altro che ti fa da guida e ti indica la direzione da seguire, le tue possibilità di essere l'uomo che basta a te stesso sono estremamente limitate. Questo ti farà sempre riflettere su come sei fatto e non riuscirai mai ad immaginarti in una posizione in cui potresti guidare gli altri in modo efficace ed efficiente.

Linguaggio del Corpo Sottomesso

Qualsiasi atteggiamento, alfa o beta, si riflette sul tuo aspetto esteriore. Il tuo gusto nell'abbigliamento e il modo in cui porti i vestiti offrono una rappresentazione visiva del tuo posto nell'ordine gerarchico e, ancora di più, il modo in cui ti muovi. Il tuo linguaggio del corpo dice molto sulla tua mentalità. La più semplice impressione riguardo alla postura di qualcuno può dirti esattamente dove si colloca quella persona, soprattutto se ha una posizione eretta che trasuda carisma e sicurezza di sé.

D'altra parte, una posizione debole e sottomessa in cui si è ricurvi, si hanno le spalle cadenti o si ha uno sguardo piuttosto disinteressato mostra un atteggiamento di chi è terribilmente disfattista. È come se stamattina quella persona si fosse svegliata con un sacco di rimpianti e continuasse a portarseli dietro, ovunque vada. Questo non è il tipo di persona su cui puoi contare e sulla quale scommettere quando il gioco si fa duro. Questo non è il tipo di uomo su cui puoi fare affidamento in una situazione in cui assumersi dei rischi diventa un obbligo. E questo non è certo l'uomo che può ispirare gli altri a seguire il suo esempio.

Quindi, la tua posizione e il tuo linguaggio del corpo sono i primi e principali indicatori del fatto che tu sia o meno un alfa. Ancora peggio, ci vuole un attimo perché qualcuno capisca che sei un beta a causa di un eventuale linguaggio del corpo disfattista, quando dimostri che hai paura di correre rischi, quando non ispiri fiducia e hai un atteggiamento pessimista e sottomesso che non riesci ad abbandonare (Loki, 2011).

Possiedi Queste Qualità?

Ma certo che sì! Non saresti qui, altrimenti. La vita da beta è diventata la tua procedura operativa standard, che lascia pochissimo spazio per ravvivare un po' le cose. E il semplice fatto che ci sono beta ovunque guardi rende le tue possibilità di emergere dalla folla praticamente inesistenti. Finora, sei stato lì ad osservare quante altre persone siano riuscite a dare una svolta alla loro vita. Gli Alfa ti permetteranno di restare intorno a loro solo perché sanno quanto ne hai bisogno. Ma altri beta non ti considereranno affatto speciale, dal momento che non hanno abbastanza autostima da riuscire a riconoscere un loro pari. Le persone più vicine a te, sia a lavoro che a casa, ti vedranno come un Guido Rossi qualunque che è lì ad occuparsi dei conti, ma questo è tutto. Con quel tipo di posizione nell'ordine gerarchico, una relazione romantica sarà l'ultima cosa alla quale penserai. Per prima cosa, di certo non sei in grado di suscitare alcuna emozione in una donna. Inoltre, la tua mancanza di fiducia e di autostima non ti permetterà nemmeno di avvicinarti a qualche donna. Molto probabilmente ti vedrebbero arrivare da un miglio di distanza e volterebbero lo sguardo con disgusto (PC, 2018).

Conseguenze del Non Essere un Maschio Alfa

Mancanza di Attrazione

Un maschio alfa è una merce unica. In un mondo in cui i beta brulicano e cercano qualsiasi tipo di attenzione, gli alfa brillano come diamanti allo stato puro, il che li rende immediatamente allettanti. Il loro fascino grezzo e il loro magnetismo sono più che sufficienti per essere desiderati praticamente da ogni donna nella stanza. Ma, in quanto beta, nessuna si accorgerà che sei vivo, figuriamoci che sei nella stessa stanza.

Anche se il tuo aspetto naturale potrebbe non piacere a tutte, puoi lavorarci su. Come una pietra che viene frantumata e cesellata per formare una maestosa scultura, i bordi grezzi attorno a un beta sono lì solo per essere smussati, al fine di formare qualcosa di molto più attraente e accattivante. Ma in assenza di una qualsiasi forma di autostima, qualsiasi tipo di donna sarà fuori dalla portata di un beta. Cercano qualcosa di selvaggio e avventuroso, e il tuo aspetto ordinario, praticamente privo di cura e ricercatezza, non ti rende diverso dal ragazzo che passa la spesa alla cassa del supermercato.

Nervosismo e Ansia

La mancanza di fiducia in sé stessi ed essere relegato alla posizione di beta rende molto meno audaci. Questo porta, di certo, ad essere completamente impreparati a qualsiasi tipo di situazione sociale, per non parlare delle relazioni romantiche. Proprio come accade nei film, le donne preferiscono che gli uomini siano abbastanza determinati e in grado di sostenere una conversazione affascinante o di essere completamente a proprio agio con loro. Un alfa può creare quelle circostanze ideali solo con la sua energia e il suo carisma dal quale le donne sono irrimediabilmente attratte, volendo restare più a lungo possibile in sua compagnia. Ma in un beta le donne possono percepire il suo livello di ansia solo dal modo in cui inizia a parlare o da come evita il contatto visivo. Anche se riesci a intavolare una conversazione, è solo questione di tempo prima che si distraggano.

E di solito avviene quando fai la tua mossa. Il più delle volte, i beta potrebbero non arrivare nemmeno a quel punto. Invece, tenderanno ad evitare la paura del rifiuto e l'imbarazzo semplicemente ignorando un'altra opportunità di incontrare qualcuno di interessante. "Chi non risica, non rosica."

Mancanza di Autostima

L'ambiente più cruciale che ogni uomo deve padroneggiare è quello lavorativo. Farsi notare da colleghi, dai propri pari e dai manager nel proprio luogo di lavoro, dove si trascorre dal sessanta al settanta per cento della giornata, significa mantenere una certa immagine sociale che ci pone in una particolare posizione di rispetto e prestigio. E mentre avere un atteggiamento positivo e ottimista aiuta a creare una sorta di popolarità, avere un carisma naturale, estro e assertività crea un'aura, un'attrazione e persino un alone di mistero. Fa sì che le persone alzino lo sguardo dalle loro scrivanie e ti notino ogni volta che sentono l'odore del tuo profumo unico e particolare e quando sentono l'incedere distinto delle tue scarpe firmate che si avvicinano a loro.

Ma, nel caso di un beta, che per definizione è ben lungi dall'essere un animale sociale, si ritroverà relegato in un posto di poca importanza. Il beta non crea alcun tipo di scalpore per farsi degli amici che possano, in qualche modo, elevare la sua autostima. Se escludiamo altri beta, le tue possibilità di essere invitato a bere qualcosa dopo il lavoro o di andare a cena al nuovissimo ristorante in centro in compagnia di amici sono essenzialmente pari a zero. Questo accade anche dopo aver fatto di tutto per essere utile e gentile, come abbiamo già detto in precedenza. Il più delle volte, essere precluso da tali incontri sociali ti porta anche fuori dal radar dei tuoi diretti superiori, che amano vedere il team funzionare bene sia al lavoro che fuori.

Questo può dipingerti come un battitore libero o qualcuno che preferirebbe non essere incluso in eventi organizzati dall'ufficio come ritiri aziendali, picnic e gite in spiaggia. Il tuo atteggiamento timido limita il tuo potenziale di crescita al di fuori del tuo guscio e ti ritrae come una persona non capace di gestire le cose agli occhi di chi vorrebbe vedere le persone più dinamiche ed energiche in prima linea nella propria azienda. Alla fine, non sarai mai ricordato al momento della promozione anno dopo anno e avrai meno amici al lavoro, a parte altri beta, che sono decisamente trascurabili.

Così il tuo atteggiamento beta ti porterà alla rovina e ti farà fare la figura del soprammobile (Bacon, n.d.).

Caratteristiche Essenziali di un Maschio Alfa

Chiariamo subito una cosa: non devi essere uno stronzo per essere un maschio alfa. Certo, sono spavaldi, hanno il fisico, l'atteggiamento che li rende particolarmente attraenti, ma questo non significa che nutrano cattiveria verso gli altri, in particolare verso i non alfa.

Naturalmente, non sono arrivati dove sono giocando sempre secondo le regole. Hanno scelto la loro strada e non sono stati comandati da nessuno, a meno che ciò non significasse raggiungere gli obiettivi desiderati. Sanno perfettamente cosa vogliono dalla vita, e non è niente di meno che tutto ciò a cui possono pensare. Auto veloci, proprietà di lusso, corpi scolpiti nel marmo, la possibilità di avere tutte le donne nel loro campo visivo e, naturalmente, essere la persona che ha l'attenzione di tutti: non ci sono praticamente limiti alla loro ambizione. Quindi, non saranno troppo gentili per via di tutto ciò che hanno ottenuto e, per una beta, potrebbero anche rappresentare le divinità dell'antica Grecia.

E questo si adatta perfettamente agli alfa.

Assertivo e Persuasivo

Un alfa ha imparato con successo l'arte di avere un atteggiamento assertivo e, di pari passo, ha eccellenti capacità di comunicazione. Sono pienamente consapevoli di ciò che li circonda, come il re della giungla, e sono soddisfatti della consapevolezza di essere padroni del loro dominio. Ci vogliono pazienza, sicurezza di sé e tenacia per raggiungere i propri obiettivi. Per loro, tutto è una potenziale sfida che solo loro stessi possono portare a termine. Una carriera di successo, la ricchezza e l'indipendenza, lo stupore della loro cerchia sociale e la compagnia di belle donne; niente è off-limits. E, come abbiamo visto prima, non hanno scrupoli a infrangere le regole per ottenere tutto ciò. In effetti, hanno stabilito il ritmo: sono loro a imporre le regole. Tutti gli altri possono solo accompagnare. Insomma, l'alfa sa come stare al top. Ha stabilito chiaramente degli obiettivi riguardo a ciò che vuole ottenere dalla sua vita ed è disposto a fare assolutamente qualsiasi cosa che serve per raggiungerli.

Con un atteggiamento che trasuda sicurezza e assertività, un alfa non eviterà mai di dire la sua. Rimarrà impenitente, poiché persegue i suoi desideri senza alcun senso di vergogna o di colpa. Se ciò significa raggiungere gli obiettivi che si è prefissato nella vita, si assicurerà di dirlo nel modo più chiaro e sicuro possibile. Con una forte padronanza delle capacità di comunicazione, un alfa usa la sua classe, il suo fascino e il rispetto per essere incredibilmente persuasivo al fine di ottenere ciò che vuole, e si assicura anche che il "dare e avere" sia sufficiente non solo per trarre il suo vantaggio, ma anche per rimanere leale, in un certo senso, all'altra persona. È di vitale importanza che l'alfa lasci l'altro con un senso di dignità e rispetto mentre ottiene ciò di cui ha bisogno.

Questo è il motivo per cui un alfa non è affatto uno stronzo. Tuttavia, stabilisce confini chiari con tutti quelli con cui ha a che fare e parla con enfasi quando viene coinvolto (Andrew Ferebee, 2019a).

Un Vero Gentiluomo

Per definizione, un maschio alfa abbraccia tutte le qualità di un gentiluomo: è cortese, educato e premuroso. Anche se dà la priorità al proprio benessere, si preoccupa sinceramente dei bisogni delle persone che entrano a far parte della sua vita e vuole il meglio per gli altri. Non c'è nulla di disdicevole nelle sue intenzioni, né vi è alcuna malizia. Il suo successo o insuccesso dipendono dal fatto che risulti corretto e gradevole, anche se non ha necessariamente bisogno di alcuna approvazione. Invece, preferisce creare una connessione genuina con i suoi coetanei e le persone che finiscono per amarlo e adorarlo. Il suo atteggiamento positivo e la sua natura amante del divertimento rendono la sua vita un privilegio, ed è un privilegio che le persone apprezzano. Essere nella sua orbita è un appagamento diverso da qualsiasi altro e l'alfa farà di tutto per accrescere il valore di ognuno. Condividere emozioni positive, divertirsi in giro per la città e godersi la vita al massimo è sempre all'ordine del giorno.

In Grado di Fidarsi di Sé

Anche con una cerchia di amici e sostenitori che non vogliono altro che il meglio per lui, un alfa sarà sempre autosufficiente nei momenti più importanti. Anche se accetta qualsiasi consiglio o aiuto ogni volta che lo ritiene necessario, sa che le decisioni più importanti dipendono sempre ed esclusivamente da lui. Questo perché è in grado di fidarsi del proprio giudizio e sa che tutte le decisioni importanti devono essere prese da lui soltanto.

Ciò gli consente, inoltre, di tenere sott'occhio le aree in cui potrebbe considerarsi vulnerabile. Quando si ritrova al di fuori del suo campo di conoscenza, può ritenere utile cercare un consiglio appropriato. È un riconoscimento delle proprie aree di miglioramento di fronte ad una situazione che non è in grado di gestire con successo. Può quindi essere l'uomo più grande, ammettere la propria ignoranza in una qualche materia e cercare l'aiuto e la guida di coloro di cui può fidarsi tanto quanto si fida di sé stesso.

Ancora più importante, un alfa fa affidamento sul proprio giudizio per assumersi la piena responsabilità delle proprie azioni e dei relativi risultati. Qualsiasi risultato si verificherà, l'alfa deciderà di cambiarlo o accettarlo, finché non sarà in grado di usarlo a proprio vantaggio. Non si lamenterà mai di una qualche ingiustizia o di essere partito da una situazione di svantaggio. Tutte le sue decisioni sono prese da lui e lui solo e non incolperà mai gli altri per eventuali disgrazie (*Top 5 Traits of a Confident Alpha Male | Manscaped.com*, 2018).

Auto-evoluzione e Maestria

Un maschio alfa non si limita alle possibilità attuali. La sua spinta e la sua fame di crescere ed evolversi continuamente lo spingono a migliorare e rinnovare le sue possibilità ogni giorno. Non basta restare adagiato sugli allori. Un alfa vivrà ogni giorno nuove sfide che dovrà padroneggiare.

Questa ambizione e questa spinta verso la crescita e la maestria nel gestire le cose limitano anche ogni dubbio riguardo a sé stesso che un alfa potrebbe nutrire. Essendo un essere umano, dopotutto, un alfa ha anche la sua giusta dose di demoni da affrontare, ed è essenziale essere in grado di combattere questi demoni interiori a testa alta. Queste voci assillanti di insicurezza risiedono ancora nella sua testa, ed è una battaglia costante per un alfa lottare per cercare di sottometterle e affermare il completo controllo sulla sua vita e sul suo destino.

Un alfa continua anche ad imparare da ogni esperienza e da ogni incontro, anche se non volgono necessariamente a suo vantaggio. Tali lezioni sono importanti per mantenere vivo un senso di umiltà e devono essere sufficientemente radicate in lui da permettergli di passare da una sfida all'altra. Qualsiasi risultato sfavorevole serve da lezione per gli alfa per adattarsi e per apprendere, al fine di avere un risultato diverso ogni volta che una tale sfida si presenti di nuovo. Quindi, è certamente possibile utilizzare l'apprendimento attivo non solo per diventare un maschio alfa, ma anche per poter migliorare quotidianamente.

Capitolo 2

Tutto inizia da dentro

Una cosa che dovrai capire è questa: non si diventa un maschio alfa se qualcuno ti tiene la mano e ti accompagna ovunque. Ci vuole pazienza, duro lavoro, dedizione e, soprattutto, fiducia in sé stessi. Essere un maschio alfa non è solo un insieme di abilità che vengono fornite con un diploma. Si tratta di uno stato mentale, un atteggiamento, uno stile di vita che rimane dentro di te, che tu lo voglia o meno. Credere di poter essere un maschio alfa, nonostante tutti i tuoi difetti e tutti i tratti da beta che potresti avere, è il primo passo verso la realizzazione dei tuoi obiettivi. Bisogna anche capire che non tutti i maschi alfa sono nati così. Anche loro hanno dovuto fare sacrifici per realizzare i loro scopi e diventare la migliore versione di loro stessi, e il primo passo verso questo obiettivo è riconoscere il proprio potenziale da dentro. Questo è quello che devi fare se vuoi essere un maschio alfa: devi prima iniziare a pensare e a comportarti come se lo fossi.

Accettazione di Sé

Capire chi sei e cosa ti emoziona davvero ti mette sulla strada giusta per la trasformazione in un maschio alfa. Ricorda che un maschio alfa riconosce il proprio potenziale e allo stesso tempo accetta i propri difetti e cerca una soluzione per risolverli. Fa parte della sua auto-evoluzione per continuare a migliorare il suo stile. Pertanto, accettare chi sei e comprendere di cosa sei capace è essenziale per entrare nella vera mentalità del maschio alfa. Nella sua forma più elementare, questa mentalità consiste nel sentirsi a proprio agio, in pace e sicuri di sé.

Incondizionato e Liberatorio

Accettare i propri errori è un'esperienza di apprendimento e realizzazione. Gli errori non emergono per limitare la tua comprensione o il tuo potenziale. Identificare i tuoi difetti e le tue mancanze ti consente di decidere il modo migliore per affrontarli e superarli per diventare un maschio alfa. Tuttavia, è possibile che possano sopraffarti, se pensi che questo obiettivo sia al di fuori della tua portata. Ma non puoi affatto partire da questo presupposto, se vuoi diventare un maschio alfa. Identificare queste debolezze è una cosa, ma esse non sono affatto l'essenza e la fine della tua esistenza. Non ti guidano, né ti motivano. Semmai, ti portano a ristagnare ed annaspare in un'esistenza da beta.

Usa queste debolezze o limitazioni a tuo vantaggio invece di renderle le tue caratteristiche distintive. Ogni difetto è lì per essere superato proprio come qualsiasi altra sfida e prima lo accetti, meglio è. Essere consapevoli di ciò non interferisce in alcun modo con la capacità di accettarsi pienamente. E l'utilizzo di questa autoconsapevolezza ti aiuta ad avere fiducia in te stesso, a sapere chi sei e non solo chi vuoi essere, ma anche chi decisamente non vorresti essere (Seltzer, 2008).

Sii Più Gentile con Te Stesso

Riconoscere i propri difetti e le proprie mancanze è una cosa, ma questo non significa che devi essere eccessivamente critico nei tuoi confronti. Le circostanze della vita potrebbero averti portato a percorrere una strada attraverso la quale non sei riuscito a sfruttare il tuo pieno potenziale, quindi non è qualcosa per cui fustigarsi. Piuttosto, queste sono tutte opportunità che richiedono la tua comprensione e un piano strategico. Il primo passo sulla strada per accettare chi sei, prevede l'essere compassionevole verso la persona che sei stato per tutto questo tempo. Devi comprendere che le circostanze che ti hanno reso quello che sei sono diventate irrilevanti ora che stai cercando di cambiare. Dimentica il passato e concentrati sul maschio alfa che vuoi essere nel prossimo futuro (Rezzan Huseyin, 2018).

Sviluppare l'auto-compassione ti consente di amare te stesso come persona, indipendentemente dalla versione di te stesso che sei ora. Ecco perché questo è il punto di partenza logico del tuo viaggio per diventare un maschio alfa: solo amando e prendendoti cura di te stesso puoi costruire una diversa mentalità e lavorare sui tuoi difetti. Solo amando te stesso ti rendi conto che c'è molto di più che puoi fare per te. Se vuoi davvero essere coccolato e viziato e sentirti speciale, chi può farlo meglio di te?

Trasforma la tua Mentalità

È logico che, quando inizi a cambiare la tua mentalità da maschio beta a maschio alfa, inizi non solo a pensare, ma anche a comportarti in modo diverso rispetto a prima. In quanto maschio alfa, inizierai a metterti al primo posto e a cercare opportunità che ti avvantaggiano maggiormente, prendendo in considerazione anche le persone che si sentiranno in soggezione nei tuoi confronti. Questa trasformazione renderà le tue precedenti abitudini, opinioni, preferenze e orientamenti una cosa del lontano passato e non sarai in grado di riconoscere la persona che eri prima. Come hai visto nel capitolo precedente, la tua capacità di fidarti di te stesso e di crescere continuamente creerà una versione di te nuova di zecca ogni volta che ti svegli al mattino (Antony, 2016).

Una Mentalità Orientata alla Crescita

Un maschio alfa è una creatura in continua evoluzione. Deve stare al passo con i tempi e con le tendenze, per non parlare del fatto che deve fare tesoro di tutte le battute d'arresto. Nonostante tutta la stima e la fiducia in sé stesso che un alfa possa avere, ci possono essere e ci saranno momenti in cui potrebbe non ottenere ciò che vuole. Questo non è uno scenario senza precedenti e c'è da aspettarselo in un mondo così dinamico che ospita l'alfa. Ricorda che lui non è perfetto e nemmeno tu, quindi ci saranno momenti in cui non avrai successo in una determinata impresa. Questa dovrebbe essere un'opportunità per imparare e crescere. Se un maschio alfa inciampa, fa del suo meglio per restare dritto e non cadere. Solo da tali fallimenti un maschio alfa può davvero continuare a crescere (Davis, 2019).

Ci saranno anche momenti in cui un maschio alfa potrebbe aver bisogno di una guida e ottenere un feedback riguardo ad eventuali carenze. Anche i feedback sono vitali nel ciclo di crescita e gli alfa sono piuttosto ben disposti nell'essere parte dell'auto-crescita di qualcun altro. È un esercizio che li rende più umili e fornisce loro anche informazioni sull'approccio dell'altro. Perché? Perché anche loro potrebbero imparare qualcosa. È un dare e avere diverso da qualsiasi altro, in cui un feedback reciproco sano e positivo rende entrambi migliori di prima.

Passare ad una mentalità orientata alla crescita sarà anche in netto contrasto con la tua mentalità precedente, che era fissa e limitante e ti impediva di comprendere tutte le cose che avresti potuto e che puoi ancora realizzare. Tutto ciò richiede un grande sforzo e un atteggiamento sano e positivo.

Gli Alfa Non lo Fanno

Come maschio alfa, è fondamentale capire il tipo di persona che vorrai emulare e la persona che tutti gli altri vedranno. Ciò che le persone non apprezzeranno di certo è qualcuno che si lamenta o piagnucola di continuo, che si tratti di cose più piccole come il pasto freddo a cena o l'assenza del proprio nome nella lista degli ospiti. Un alfa deve affrontare le cose con calma e mantenere sempre una certa compostezza. In questo modo potrà sempre trovare una soluzione anziché lamentarsi e basta. Inoltre, un maschio alfa non darà mai la colpa a qualcun altro, alle sue spalle, a causa della frustrazione. Questo comportamento implica un continuo lamentarsi, portando a non assumerti la colpa per un fallimento che avresti dovuto controllare. Trovare scuse per tali eventi ti mette in cattiva luce nei confronti del tuo prossimo ed evidenzia il fatto che non sei sicuro di te. Questa non è certamente un'immagine che vuoi per te stesso, in quanto maschio alfa.

Inoltre, i maschi alfa non dovrebbero rimuginare troppo riguardo ad una situazione e rifiutarsi di superare qualsiasi battuta d'arresto. Per evolversi costantemente, la mentalità del maschio alfa non ha spazio per pensare troppo o sentirsi impacciata e dovrebbe astenersi dal cercare l'approvazione di altre persone. Tutto ciò porta solo ad avere una mentalità negativa e questa situazione può essere facilmente evitata.

Gli Alfa lo Fanno

Al contrario, essere un maschio alfa significa avere il controllo della situazione. La fiducia in sé stessi e l'autosufficienza sono ciò che ti spinge a trovare il tuo scopo e non solo a perseguirlo, ma a raggiungerlo. Una volta che ti rendi conto del potere che hai, sarai in grado di affrontare le tue paure ed essere pronto a superare tutte le sfide che ti si presenteranno, il che, in quanto alfa, saranno parecchie. I conflitti possono sorgere di tanto in tanto, soprattutto quando si trovano lungo il percorso dei tuoi obiettivi.

Inoltre, la tua spinta ambiziosa ti esporrà a critiche da ogni parte, in particolare da persone che si sentono minacciate dalla tua energia. Tuttavia, è importante capire che alcune critiche possono effettivamente essere valide, soprattutto se qualcosa che dici o fai causa un vero dolore a qualcuno che potrebbe non meritarlo. Pertanto, sii ricettivo rispetto alle critiche ed elaborale per determinare se qualcuna di esse possa essere un errore su cui lavorare. Soprattutto, credi in te stesso per sapere che sei capace di riconoscere le tue imperfezioni e anche di accettarle, per migliorare nel tempo. Abbracciare tali imperfezioni ti aiuterà ad eliminare ciò che non ti serve e ti aiuterà a trovare il tuo scopo, il che è importante se vuoi andare avanti. Ti aiuterà anche a valutare criticamente i tuoi punti di forza e ad esplorare le aree su cui devi lavorare per superare le tue debolezze. Questo richiederà tempo e dedizione, quindi non è consigliabile avere fretta. Fidati del processo e dagli il giusto valore, poiché il processo stesso vale più del risultato finale.

Creare Resilienza Mentale e Tenacia

L'American Psychological Association (APA, 2012) definisce la resilienza mentale come "l'essere in grado di adattarsi bene di fronte ad avversità, traumi, tragedie, minacce o fonti significative di minacce". Nel corso della tua esistenza, il tuo stato mentale deve aver subito diversi stadi di sviluppo, che, senza dubbio, derivano dall'affrontare determinate minacce alla tua stabilità mentale ed emotiva. Ma spesso potresti non riuscire a capire quanto un certo trauma mentale ti possa danneggiare e potrebbe, quindi, diventare parte della tua esistenza senza che tu te ne accorga. Potresti perdere di vista il modo in cui ti lasci trascinare dalle emozioni e avere delle reazioni scomposte, oltre a chiuderti in te stesso senza affrontare il trauma. Questo soffoca la tua capacità di crescita al di fuori del tuo guscio e ti mantiene allo stadio beta.

Identificazione della Negatività

Per metterti sulla strada giusta per raggiungere un'adeguata forza mentale, devi decidere di prendere atto di tutto ciò che ti passa per la mente. Ciò significa avere uno sguardo privo di filtri nei confronti di tutti i pensieri e delle percezioni che provi, siano esse positive o negative. La chiave, in questo caso, è assicurarti di rimanere ricettivo riguardo ai pensieri che non ti demotivano o demoralizzano, mentre allo stesso tempo farai del tuo meglio per evitare di attaccarti alla negatività che prevale nella tua vita. In caso contrario, la negatività avrà modo di sopraffarti e finirai per identificarti personalmente con quei pensieri o sentimenti.

Essere un maschio alfa significa essere in grado di controllare le emozioni che potrebbero cercare di sopraffarti e farti distogliere lo sguardo dai tuoi obiettivi. Emozioni sane come l'amore e la gioia ti fanno sentire più positivo ed energico, mentre emozioni negative come rabbia, odio e gelosia ti portano solo a risentirti non solo con le altre persone, ma anche con te stesso. Inoltre, una visione emotiva positiva ti fa impegnare di più per il raggiungimento del tuo obiettivo e ti aiuta ad essere più motivato come persona e ad essere pronto ad accettare nuove sfide con speranza e ottimismo. In questo modo, ti fiderai di più delle tue capacità riconoscendo anche eventuali carenze e sarai pronto a lavorarci su per adattarti ad eventuali nuovi cambiamenti che si presenteranno lungo la tua strada.

Le Fasi per Sviluppare la Resilienza Mentale e la Tenacia

Come hai visto sopra, il pensiero positivo è alla base dello sviluppo della resilienza mentale. Non farti appesantire dalla negatività e concentrarti sugli aspetti positivi ti renderà più resistente nei confronti di nuove sfide e ti aiuterà anche a gestire la tua ansia. Capire dove vorrai essere in futuro e impostare i tuoi obiettivi, di conseguenza, crea un percorso perfetto per diventare un maschio alfa nel vero senso della parola, e mantenere la tua attenzione fissa su questi obiettivi ti assicurerà di non essere distratto dal tuo vero scopo: evitare le minacce e le forze che negano la tua autostima e che ti potrebbero bloccare per sempre all'interno di un'esistenza da beta (Ribeiro, 2019).

L'Arte della Fiducia

Un maschio alfa è ben più del suo bell'aspetto e della cura dei dettagli. Ci vogliono un certo atteggiamento e una determinata fiducia in sé stessi per attirare a sé le persone e rendersi immediatamente attraente alla loro vista. La fiducia in un maschio alfa è essenziale per attirare tutti e, allo stesso tempo, non farli sentire minacciati. Fa rilassare le persone e le fa sentire come se il maschio alfa le apprezzasse davvero, attirando, in questo modo, la loro attenzione esclusivamente su di lui.

Personalmente credo che la fiducia possa darti la capacità di limitare ogni paura e ansia dentro di te, ti fornisce una maggiore motivazione per essere sempre la versione migliore di te, ti rende più resiliente e ti permette di avere legami più profondi e relazioni migliori. La fiducia ti rende anche più disponibile a provare cose nuove e ad impegnarti in nuove esperienze, evita di metterti sempre in discussione e ti prepara a creare nuovi legami. Inoltre, non ti preoccuperai di ciò che la gente pensa di te, né sentirai mai il bisogno di confrontarti con le altre persone (Harbinger, 2014).

Conquista della Fiducia

Per diventare la versione più sicura di te stesso ed essere a tuo agio con la versione di te percepita dagli altri, devi prima smettere di fare paragoni con le altre persone. Sei un individuo unico e confrontarti con gli altri crea solo un clima di negatività, che non fa affatto bene alla tua sicurezza. Credi in te stesso e guarda cosa hai già ottenuto lungo la strada che ti ha portato a diventare un maschio alfa, dato che ci è voluto così tanto impegno da parte tua. Ricorda le cose in cui sei bravo e continua a ricordare a te stesso i tuoi meriti. Con questo, si intende ricordarlo a te stesso in modo verbale. Nessuno può motivarti meglio di te stesso e saprai esattamente cosa dire per metterti nel giusto stato d'animo. Deve essere tutto positivo e ciò significa che il dialogo interiore negativo non è assolutamente consentito (Morin, 2019).

Non dimenticare che non sei incline ai difetti e potrai effettivamente fare di più per cambiare il tuo stato attuale. Inizia con la tua mente: come per le altre cose, essere un maschio alfa è anche e soprattutto uno stato d'animo. Se dirai a te stesso chi sei e di cosa sei capace, la tua mente ti crederà e creerà le idee giuste in cui credere. Ti crederà anche quando dubiti di te stesso e ti riempi di negatività. Pertanto, è necessario allontanarsi dal pensiero negativo e concentrarsi maggiormente sulla costruzione di te stesso. Visualizza la versione ideale di te e di chi vuoi essere e lavoraci al fine di ottenere quella versione. Impara nuove competenze, apporta sottili cambiamenti al tuo aspetto e al tuo abbigliamento e cerca persino consigli da amici, colleghi e anche da professionisti. Costruire un solido gruppo di supporto costituito da tutte queste persone ti ricorda che non sei solo e che ci sono molte persone che credono in te.

Soprattutto: non pensare, agisci! Agire al momento giusto crea e accresce la tua fiducia.

Fiducia come Stato Mentale

L'avere più fiducia è un processo che inizia da te. La tua mente crede esattamente a ciò che le dici e le dirai esattamente ciò in cui credi. Pertanto, la tua fiducia in te stesso deve essere ferma e risoluta, ed è così che sarai in grado di motivare la tua mente ad agire. Sei l'eroe della tua storia, e quindi devi essere il padrone del tuo destino. Certamente non puoi ritrovarti a non essere sicuro o a continuare a nutrire dubbi su di te. È un ciclo continuo in cui la tua sicurezza alimenta la tua positività e la tua positività alimenta la tua fiducia, il che significa che non avrai modo di cadere nel dubbio (Kennedy, 2018).

Il Ruolo della Meditazione

Un ottimo modo per rafforzare la tua mente, per pensare in modo positivo e sviluppare un atteggiamento sano, è la meditazione consapevole. Si tratta di essere veramente presenti in ogni momento, di lasciare che i tuoi pensieri vadano e vengano e di permettere a te stesso di essere consapevole di quei pensieri in arrivo, mentre li osservi senza alcun giudizio.

Ci sono due modi molto specifici in cui la meditazione può aiutarti a trasformare la mancanza di autostima in fiducia interiore, auto-accettazione e fiducia in te stesso. In primo luogo, la meditazione ti consente di incontrare e dare il benvenuto alla persona che sei e diventare gradualmente amico di quella persona. Una volta che inizi a capire il tipo di persona che sei e le cose in cui credi, il passo successivo rende più facile concedere accettazione e gentilezza amorevole a tutti gli aspetti di te stesso.

Sorprendentemente, potresti persino scoprire una convinzione più profonda che ti potrebbe portare a pensare di non meritare di essere felice o che non sei abbastanza bravo, proprio come una sequenza di autodistruzione inconscia. Ma la meditazione può aiutarti a gettare il seme della gentilezza su quella negazione di te e sulla mancanza di autostima, fino a quando tale incertezza non si dissolverà e si trasformerà in amore (JD Moore, 2017).

Altri Vantaggi della Meditazione

Oltre a scoprire il tuo vero io e imparare ad amarlo ancora di più, la meditazione produce alcuni altri benefici che potresti non notare nell'immediato. Migliora il tuo senso generale di benessere e ti rende più in sintonia con le tue esigenze e il tuo sostentamento. Ti rende responsabile e ti aiuta a regolare le tue emozioni, il che a sua volta riduce qualsiasi tendenza ad essere emotivamente reattivo. In questo modo, sei meno stressato e abbastanza lucido da essere più concentrato e perspicace sulle cose intorno a te e persino su te stesso.

Meditare in Modo Efficace

Che si tratti di qualcosa di semplice come respirare profondamente o di complesso come ripetere un mantra nella tua mente, l'obiettivo finale della meditazione è creare un'atmosfera calma e rilassante per consentire alla tua mente di calmarsi da tutti i pensieri. Esercizi di rilassamento come escursioni nella natura, meditazione per l'attenzione focalizzata o gentilezza amorevole, meditazione di consapevolezza e consapevolezza di sé, meditazione trascendentale come lo zen e lo yoga possono anche canalizzare positivamente i tuoi pensieri e aiutarti a far concentrare in modo chiaro la tua mente sui tuoi obiettivi.

Utilizzo dell'Autoipnosi

Un altro metodo unico per entrare nella mentalità maschile alfa ideale è una tecnica chiamata autoipnosi. Non è comunemente raccomandata per rafforzare in generale una mentalità positiva, ma l'autoipnosi è un ottimo mezzo per imparare a concentrarti e a motivarti per diventare più consapevole di te stesso. Ti permette di realizzare il tuo pieno potenziale e di utilizzare al meglio le tue abilità innate mentre impari ad avere un migliore controllo dei tuoi pensieri e delle tue reazioni, e mentre godi dei benefici fisici ed emotivi del rilassamento, tipico delle tecniche di autoipnosi. Quindi può essere una pratica davvero potenziante (Yapko, 2020).

Più Focalizzato sugli Obiettivi che sulla Meditazione

Dato che il risultato finale, sia della meditazione che dell'autoipnosi, è promuovere la salute fisica e mentale, ci potrai lavorare in parallelo. Ciò evidenzia i benefici dell'imparare a sviluppare e utilizzare la concentrazione in modo significativo. Quindi l'autoipnosi può ottenere risultati migliori se ti stai preparando a raggiungere obiettivi specifici.

Migliora la Fiducia e l'Autostima

La prima cosa che dovrai prefissarti è un obiettivo o un'intenzione che speri di ottenere attraverso l'autoipnosi. Potresti desiderare di controllare un certo aspetto della tua vita o di cambiare attitudine quando si tratta di amare te stesso o di avere un livello più alto di fiducia in te. Componi quindi una frase che incarni queste caratteristiche e che dovrebbe essere semplice e facile da ripetere in meno di cinque secondi. Mettiti in una posizione comoda mentre lo fai e inspira lentamente con respiri profondi e calcolati. Conta la quantità di secondi trascorsi mentre inspiri e trattieni la posizione per metà del tempo, quindi espira per lo stesso numero di secondi che hai impiegato durante la fase di inspirazione, finché non diventa naturale e automatico. Visualizza i tuoi respiri che viaggiano verso il tuo nucleo, quindi dichiara il tuo obiettivo. Dillo come se stessi per raggiungerlo. Sorridi e apprezza il fatto di aver raggiunto questo obiettivo e non esitare a esprimere verbalmente la tua gratitudine (Karp, 2015).

Capitolo 3

Catturare il Loro Sguardo

Un maschio alfa ha il controllo completo del suo ambiente. Stabilisce il ritmo e il tono e genera un naturale capovolgimento in qualsiasi situazione sociale. Gli alfa trasudano fascino, carisma e attrazione sessuale allo stato puro, il che li rende attraenti in tanti modi diversi. E hanno sicuramente imparato l'arte di essere gli unici nella stanza che raccolgono tutta l'attenzione su di loro per tutta una serie di ragioni.

Questa è la loro impostazione operativa standard: attrarre. Raramente hanno bisogno di attirare l'attenzione di qualcuno, in particolare delle donne. Questo potrebbe metterli in una situazione di svantaggio, e non è una situazione in cui vorresti trovarti. Pertanto, dovrai comprendere i fondamenti della psicologia dell'attrazione.

Psicologia dell'Attrazione

L'attrazione funziona in molti modi diversi e le possibilità di essere notato aumentano in modo significativo se possiedi più di un attributo che ti rende attraente. Che le persone si preoccupino di ammetterlo o meno, molte di loro sono attratte per prima cosa dall'aspetto esteriore, poiché è la prima casella da spuntare sulla checklist dell'attrazione. Uomini e donne tendono entrambi a valutare gli altri dall'aspetto esteriore prima di scavare più a fondo e conoscere meglio l'altro. Quindi l'aspetto estetico funge da chiave per poter entrare in una camera più profonda.

L'attrazione umana, d'altra parte, è molto più complessa di quanto sembri a prima vista. Mentre l'aspetto esteriore attira i primi sguardi, la sottigliezza e lo sforzo con cui viene presentato tendono a mostrare un approccio attento e deliberato verso tutto ciò che fa il maschio alfa. Il modo in cui si veste, i prodotti che usa per la cura dei capelli o della pelle e il modo in cui si presenta mostrano un livello più profondo di fiducia, raffinatezza, sicurezza di sé e forza di carattere. Questo rende l'attrazione umana un attributo molto più importante di quello fisico.

Ci sono standard universali di attrazione che non sono superficiali, ma piuttosto fortemente ancorati a problemi di adattamento che devono essere risolti nella selezione del partner, indipendentemente dal fatto che tu sia maschio o femmina. Le donne tendono ad essere attratte da caratteristiche fisiche che indicano buona salute, cura mentale e una probabile capacità di fornire ciò di cui hanno bisogno e protezione. Queste caratteristiche potrebbero includere spalle larghe con fianchi più stretti, una struttura atletica e tonica, una mascella forte e una voce profonda: queste caratteristiche mostrano automaticamente il livello di autodisciplina e l'attrattiva generale dell'uomo che, dal punto di vista delle donne, risultano qualità attraenti. Tuttavia, non avere tutte queste qualità fisiche non è la fine del mondo. Ci sono altri elementi centrali dell'attrazione romantica, in effetti tre, che ti possono rendere un bene molto ricercato (Dawson, 2020).

Attrazione Fisica

Hai appena visto come il tuo aspetto esteriore sia sempre la prima cosa che viene notata. Questa non è solo una tendenza superficiale, ma ha anche ragioni più profonde. Le caratteristiche fisiche che tendono ad essere più attraenti per gli altri sono quelle che fungono da migliori indicatori di salute e forma fisica. Queste funzionalità possono cambiare con la nostra salute nel tempo; tuttavia, le funzionalità più interessanti sono anche quelle più facili da gestire. Cose come una cura adeguata e una forma fisica di base, quindi, possono essere più importanti che avere i pettorali scolpiti o il naso più simmetrico.

In uno studio di Mehrabian e Blum (1997), la qualità più attraente di una persona poteva essere sintetizzata nella cura di sé. Ciò ha mostrato un impegno personale ad essere il meglio che una persona potrebbe essere. Le caratteristiche più attraenti includono una postura eretta che trasuda sicurezza, una cura evidente che fa emergere la raffinatezza e l'attenzione ai dettagli del tuo aspetto, abiti adeguati e su misura, realizzati con i migliori materiali in modo che ti facciano risaltare, un atteggiamento apparentemente positivo e un peso ragionevolmente sano. Tutte le qualità di cui sopra aiutano coloro che non hanno un fisico perfetto.

L'abbigliamento e la cura del corpo giocano quindi un ruolo cruciale nell'attrazione fisica.

Attrazione Psicologica

Mentre le caratteristiche fisiche forniscono la scintilla iniziale di attrazione, un maschio alfa può anche usare le proprie qualità psicologiche innate per creare un'attrazione più profonda e sostanziale. Attrarre qualcuno psicologicamente mostra le capacità di un maschio alfa e le motivazioni per formare relazioni e connessioni nel lungo periodo ed emotivamente intime. Tale attrattiva è solitamente manifestata attraverso una personalità piacevole e allegra che mette gli altri a proprio agio e tira fuori anche il loro lato migliore. Mostra una natura intrinsecamente amichevole che si sforza di trasmettere un senso di armonia e conforto tra i coetanei stessi. Lo sviluppo dell'attrattiva psicologica implica l'apprendimento di nuove abilità che aiuteranno a sviluppare un rapporto con chiunque graviti intorno a te.

Attrazione Comportamentale

Sebbene l'attrattiva fisica e quella psicologica possano indirizzare in modo positivo le opinioni di chiunque nei confronti di un maschio alfa in una certa misura, è anche utile menzionare che un indicatore più ovvio che genera un fascino immediato è il modo in cui il maschio alfa si comporta e agisce. L'attrattiva comportamentale mostra una forza di volontà e sicurezza che li rende molto più attraenti e desiderabili per tutti coloro che li circondano. Questo può includere qualsiasi cosa, da un uso accattivante del linguaggio del corpo e dei gesti delle mani al modo in cui si sorride e si guardano le persone negli occhi, per non parlare del modo in cui si interagisce con altre persone che non fanno parte della propria cerchia più ristretta. Ad esempio, avere a che fare con i camerieri in un ristorante o dare una pacca casuale sulla spalla al parcheggiatore per un lavoro ben fatto mostra il tuo livello di empatia, e tale comportamento significa molto affinché tutti ti notino e ti inquadrino come una persona gentile e con una personalità affascinante che è orgogliosa di tutte le connessioni che crea.

Perché l'Aspetto è Importante

Può sembrare un concetto piuttosto effimero e superficiale, ma una qualità indiscutibile di un maschio alfa è quella di sforzarsi, in modo attento e ponderato, di curare il suo aspetto esteriore. Proprio come ogni caratteristica di un'auto, una casa e altri accessori, un maschio alfa investe molto nel modo in cui appare e si veste non solo per rendersi fisicamente più attraente, ma anche perché così mantiene uno standard molto più elevato. Mettere te stesso al primo posto non è un crimine e fare di tutto per farti sembrare molto più attraente e di bell'aspetto è un indicatore dell'avere un'opinione positiva di te stesso. Potresti pensare che questo ti renda più disinvolto o insicuro, ma l'aspetto è molto importante. Solo non nel modo in cui potresti pensare (Smith, 2018).

Indica il Rispetto di Sé

Se apprezzi veramente te stesso come persona e come essere umano, potresti in qualche modo tralasciare il tuo aspetto? Essere innamorati della persona che sei significa coccolarti per le cose belle della vita, e il tuo aspetto la dice lunga su chi sei e su come ti senti. Mantenersi in forma, essere ben curato e vestirsi in modo appropriato sono indicatori del fatto che ti rispetti e ti senti bene con te stesso, e quindi vuoi presentarti nel miglior modo possibile. Un'immagine di sé positiva e sana è essenziale per farti sentire come un milionario, rendendoti quindi più attraente non solo fisicamente, ma anche come una persona che ci tiene alla cura di sé. È quel tipo di auto-presentazione positiva che attrae tutti all'istante e fa desiderare loro di conoscerti meglio.

Sentiti Bene e Mostra un Aspetto Sano

Andare in palestra regolarmente, stare attento a ciò che mangi e impegnarti in attività fisicamente elettrizzanti come sport all'aria aperta, escursioni, nuoto, ecc. crea un'aura di avventura e di spirito libero agli occhi degli altri. Non solo ti rende un esemplare in forma e di sana costituzione, ma essere avventuroso nelle tue attività ti dona la gioia di vivere e ti prepara ad affrontare nuove sfide. Ciò contribuisce non solo alla tua salute fisica, ma anche alla tua salute mentale ed emotiva. Naturalmente, allenarsi regolarmente piuttosto che stare seduto su un divano è motivo d'eccitazione istantanea per la maggior parte delle donne, ma osservare il tuo stile di vita attivo, nonché mostrare un vivo interesse ed entusiasmo per tali attività fornisce un'eccitazione ancora maggiore.

Attrazione Sessuale

Con un tale vigore ed entusiasmo per le diverse attività che ti mettono alla prova fisicamente e mentalmente, diventi una persona più forte agli occhi delle donne e soprattutto nella loro mente. Trovano che la tua brama di vita e di perfezione sia lussuriosa, in mancanza di una parola migliore, e iniziano a desiderare quel tipo di attenzione. Sapendo che apprezzi molto te stesso e il tuo corpo, non vedono l'ora di ricevere un trattamento simile. Vorrebbero vedere quanto puoi essere tenero e rispettoso nei confronti dei loro bisogni, e questo a sua volta accende la scintilla dell'interesse sessuale dentro di loro nei tuoi confronti.

Autostima

È quasi sempre vero che quando ti senti bene, ti senti meglio con te stesso. Tendi ad avere una postura più eretta quando ti senti come se fossi la versione più attraente di te stesso. Questo, a sua volta, proietta verso l'esterno il modo in cui ti comporti in pubblico, e anche le persone che frequenti possono avere un'idea della tua autostima. Inoltre, è effettivamente utile che gli altri ti vedano in modo più superficiale di quanto dovrebbero e siano immediatamente attratti dal tuo aspetto fisico ben curato. Questo non si applica solo alle connessioni intime con le donne. Anche tra i tuoi amici e coetanei, il tuo aspetto trasuda abbastanza sicurezza da farti credere che hai la soluzione a tutti i problemi che potrebbero avere. Cominciano a considerarti un esempio di intelligenza e affidabilità. Potrebbe anche volgere a tuo favore, quando i tuoi superiori notano lo sforzo che impieghi nella cura del tuo aspetto esteriore. Essere ben vestiti, ben curati e fisicamente in forma mostra il livello di dedizione che hai per tutti gli aspetti della tua vita, compreso il tuo lavoro. Le persone che investono di più nel loro aspetto, possono ottenere uno stipendio più alto, che si adatta alla loro posizione e personalità.

Igiene e Toelettatura

È importante che gli uomini stabiliscano e mantengano sane abitudini igieniche per il bene della loro salute fisica e mentale, delle loro relazioni e della loro qualità di vita.

Testa e Viso

Questa è molto probabilmente la parte più importante del tuo corpo e che non devi mai ignorare. Il tuo viso ha molti scopi oltre a quello di essere carino: il modo in cui guardi qualcuno, il modo in cui sorridi e parli, le espressioni di piacere e fascino che si incontrano sul tuo viso. E l'essere la parte del corpo sempre sotto gli occhi di tutti rende la sua cura assolutamente essenziale.

Abitudini quotidiane come lavarsi i denti e usare il filo interdentale al mattino e alla sera creano un'igiene orale eccellente. Successivamente, se ti radi, raditi regolarmente o mantieni la tua barba ben curata. Indipendentemente dal fatto che ti presenti con la barba o con un baffo particolare, cerca lo stile che ti completa e mette in risalto la tua attrazione maschile, quindi impegnati e prenditene cura. Usa i migliori prodotti per la cura personale come rasoi, regola-barba, lozioni dopobarba, oli da barba, pettini, ecc. per assicurarti che tutto sia lucido e pulito.

Lo stesso vale per la tua pettinatura, anche se ciò richiede una selezione un po' più strategica. Tutto dipende dalla forma del tuo viso. Studia il tuo viso tirando indietro i capelli e guarda bene quanto lungo e quanto largo è allo specchio. Ciò significa osservare quanto sono larghi la fronte, gli zigomi, la mascella e il mento e se il tuo viso è abbastanza lungo da essere proporzionato. Per i visi di forma ovale ci sono molte scelte come tagli corti, rifiniti, ronzati o persino lunghi fino alle spalle e tagli moderni. Le facce quadrate hanno il vantaggio di una mascella forte, che offre l'opportunità di sperimentare lunghezze maggiori e partizioni laterali più profonde. La soluzione per i volti di forma quadrata è avere più volume e pienezza nei capelli. I volti rotondi sono un po' una sfida, in quanto non lasciano spazio per dare un aspetto spigoloso e distinto. Un'acconciatura con una pienezza più lunga sulla parte superiore e più corta sui lati darà al tuo viso un aspetto più spigoloso e moderno (Vagus, 2019).

Se soffri di acne, trattala con un detergente per il viso appropriato per la pelle a tendenza acneica. Per il trattamento *in loco* dei brufoli, usa con parsimonia la crema di perossido di benzoile quando compaiono. Ma per eventuali problemi ricorrenti o prolungati, meglio consultare il proprio medico. Ricorda, questo potrebbe essere un difetto che puoi migliorare affidandoti ad una consulenza professionale.

A seconda delle caratteristiche e della forma del viso, seleziona un'acconciatura adatta a te e che ti faccia sentire a tuo agio. La tua pettinatura non riguarda solo il principio di attrazione, ma dovrebbe anche essere selezionata in base a quanto ti senti a tuo agio. Se è troppo difficile da mantenere in un ambiente pubblico, cambiala. Quel tipo di disagio diventa evidente alle persone che incontri. Usa prodotti per la cura dei capelli come shampoo, balsami e oli per lo styling più adatti ai tuoi capelli. I prodotti disponibili al supermercato possono causare danni permanenti se usati nel tempo, quindi cerca quelli che non si limitano a presentare i tuoi capelli sotto la miglior luce, ma che piuttosto li arricchiscono. Una visita dal dermatologo può fornirti il giusto tipo di prodotti per i tuoi capelli.

Corpo

Non è sufficiente che il tuo corpo abbia un bell'aspetto. Anche gli altri sensi devono entrare in gioco, quindi è importante che il tuo corpo appaia in forma e seducente, sia da vestito che nudo. Dopotutto, anche questo è uno degli obiettivi.

Rinfrescati facendo la doccia ogni giorno e ogni volta che puoi, a seconda del tempo e delle tue attività. Successivamente, usa antitraspiranti e/o deodoranti, a seconda della tua particolare preoccupazione. Mentre ti vesti, rilassati con l'acqua di colonia. Applica solo poche gocce o spruzzi di acqua di colonia su aree come il collo o l'interno dei polsi, se desideri far sentire la fragranza. Lavati spesso le mani o usa un disinfettante antibatterico, oltre a mantenere le unghie tagliate e in ordine. Userai parecchio le mani, quando avrai a che fare con uomini e donne, quindi assicurati che non provino altro che piacere quando le tue mani entrano in contatto con loro.

Per il resto del corpo, assicurati di concentrarti sull'igiene. Metti gli indumenti a lavare una volta conclusa la giornata e assicurati di cambiare la biancheria intima ogni giorno. Inoltre, prendi in considerazione un regime di rasatura regolare per mantenere i peli del corpo tagliati e puliti. I peli del corpo tagliati faranno sentire il tuo corpo fisicamente più desiderabile al tocco, una volta che i vestiti saranno tolti. Tagliare i peli delle ascelle con un paio di forbici è molto utile per la tua igiene, in quanto riduce la quantità di sudore che emani e quindi minimizza l'odore del corpo. Inoltre, ti aiuta ad avere un profumo meraviglioso grazie alla tua marca preferita di antitraspirante.

Per quanto riguarda i tuoi peli pubici, potresti non volerli radere completamente e non devi nemmeno farlo. Tuttavia, tenerli tagliati e corti in realtà ti fa sentire molto più a tuo agio mentre indossi abiti a maglia stretta e riduce le possibilità di graffiarti fastidiosamente nelle parti intime, anche se magari nessuno se ne accorgerebbe. Inoltre, ti fa sentire molto più attraente e libero e fa miracoli per il tuo partner una volta che finirete a letto. Infine, se hai dei peli folti sulla schiena, cerca di farteli tagliare regolarmente (Myers, 2015).

Abbigliamento e Vestiario

Indipendentemente dall'occasione in cui ti trovi, i tuoi vestiti e l'abbigliamento devono essere accuratamente selezionati per essere ai più alti standard di qualità, moda e squisitezza. Devono formare uno stile distintivo che ti definisca come persona, così come il tuo carisma e la tua energia. Gli altri possono dire molto sul tipo di persona che sei e sui gusti che hai solo dal tuo abbigliamento, quindi è logico che dovrai essere molto attento a ciò che indossi e a come lo indossi.

Abbigliamento: cose da fare e da non fare

Indipendentemente da ciò che scegli per l'occasione desiderata, prendersi cura dei tuoi vestiti è in cima alla tua lista. I vestiti dovrebbero essere stirati, piegati e puliti sempre, prima di indossarli per un impegno sociale. Abbina i colori in modo appropriato e usa i contrasti di colori appropriati quando necessario. Come evidenziato sopra, indossa abiti che ti stiano abbastanza bene, in modo che ti mettano sotto una luce accattivante. Dovrebbero far sembrare il tuo corpo a forma di V, visto dalle spalle in giù. Puoi farti realizzare i tuoi vestiti su misura, se necessario, per ottenere la vestibilità perfetta. Ciò significa anche evitare vestiti larghi, inadatti o cadenti. Ti faranno sembrare eccessivamente rilassato, come se non ti interessasse abbastanza mostrarti con abiti decenti. Suggerimento: sembreresti un beta.

Gli abiti sono il gold standard per l'esclusività e la squisitezza, quindi ti proiettano come il maschio alfa ideale. Scegli una selezione di abiti di colore scuro in diverse tonalità che non riflettano solo la tua personalità, ma si adattino anche alla tua corporatura e alle caratteristiche del tuo viso. Anche la cintura e le scarpe dovrebbero corrispondere al colore e la cintura dovrebbe sembrare nuova e non usurata. Allo stesso modo, mantieni le tue scarpe pulite e lucide. A proposito di scarpe, assicurati di averne una certa varietà a seconda dell'umore e della situazione. Gli stili classici come le scarpe brogue, i mocassini o un derby semplice e scuro a cinque occhielli su una punta tonda sono sia eleganti che appropriati per un'ampia varietà di situazioni sociali.

Cerca di avere anche una collezione di cravatte che completino la tua collezione di camicie. Mantieni la tua biancheria intima semplice, niente di troppo appariscente o imbarazzante (Sims, 2020).

Vestirsi per l'occasione

Avere un ampio guardaroba ti rende ben organizzato e ben preparato per quasi ogni singola occasione sociale possibile. Non vorresti essere trovato morto mentre indossi qualcosa di completamente inappropriato per un determinato evento! Essere vestito in modo appropriato significa che sei vestito per il successo e il tuo senso dello stile ti distingue dalla massa. Esamina i tipi di abbigliamento indossati in diversi eventi come quello formale, casual, casual da lavoro e da cravatta nera. Quindi inizia ad accumulare la tua collezione di vestiti perfetti.

Sebbene questo sia un investimento in sé, non lasciarti scoraggiare dall'esborso di denaro. Non devi necessariamente spendere una fortuna in bei vestiti per creare il tuo look, devi solo spendere abbastanza per non sembrare che stai indossando abiti economici o qualcosa che tua madre ha scelto per te. Sentire il tessuto tra le mani e osservare la sottigliezza dei colori e dell'aspetto ti aiuterà a decidere esattamente ciò di cui hai bisogno in termini di qualità, fascino e prezzo.

Accessori

Qualsiasi dettaglio aggiuntivo rispetto ai tuoi vestiti funge da elemento decorativo per farti sentire più sofisticato. In questo caso particolare, segui la dottrina del "meno è meglio" (*less is more*). Articoli come occhiali da sole, orologi, borse in pelle, cappelli, portafogli in pelle, ecc. aggiungono tocchi unici e distinti al tuo aspetto esteriore, completando allo stesso tempo il tuo stile. Cercali semplici e non troppo sgargianti. Per quanto riguarda gli orologi, scegli orologi di classe per la tua vita notturna, usando invece gli smartwatch per le tue attività sportive.

Regole della moda da rispettare

Quanto detto sopra rappresenta un approccio olistico alle tue esigenze di styling. Inoltre, ti consigliamo alcuni promemoria utili per perfezionare il tuo aspetto esteriore. Ogni volta che sei in viaggio o in piedi, abbottona sempre il bottone superiore del cappotto o del blazer e non usare mai quello inferiore. Per quanto riguarda i tuoi abiti, lavali a secco solo due volte l'anno spazzolando via lo sporco dopo ogni utilizzo e mettili all'aria almeno per un giorno, per mantenerli freschi.

Per i denim, lavali poche volte e attendi almeno sei mesi prima del primo lavaggio. Non mettere mai una tracolla con un capo di sartoria e, quando la situazione lo richiede, arrotola le maniche della camicia di circa due pieghe e non di più.

Per la sartoria su misura, assicurati una buona vestibilità in vita dei pantaloni. Questo è importante per mantenere una silhouette adeguata e pulita. Allo stesso modo, assicurati che le spalle dei tuoi blazer siano comode e siano perfettamente in linea con le tue spalle.

Abbina sempre accessori in pelle, come cinture, scarpe, portafogli, portachiavi e persino la custodia del telefono (Bryant, n.d.).

Essere in Forma

Essere in forma per un maschio alfa non significa necessariamente essere levigati o scolpiti come il marmo. All'interno dei film, dei programmi TV e persino nei fumetti vengono mostrati dei fisici ideali che ci influenzano e vogliono farci apparire in un certo modo. Tuttavia, ciò richiede uno sforzo e una disciplina costanti per ottenere un aspetto fisico degno di un maschio alfa. Vale a dire che non devi assomigliare a Thor per attirare le belle donne, ma assomigliarci un po' aumenterà le tue possibilità di essere notato immediatamente dal gentil sesso. Per raggiungere questo grado di attrazione fisica ci vogliono tempo ed energie da dedicare al tuo corpo, alla tua salute e al tuo stato d'animo.

Sistema la Tua Dieta

Per ottenere un fisico ideale, è necessario mangiare bene ed evitare cibi che ti faranno sembrare poco attraente. Gli uomini sono più muscolosi delle donne, il che significa che consumano più calorie al giorno rispetto alle donne. A seconda del tuo indice di massa corporea, che deriva dalla tua altezza e massa corporea, nonché dal tuo livello di attività, avrai bisogno dalle 2.200 alle 2.800 calorie al giorno. Pertanto, cerca cibi con il giusto equilibrio di calorie, energia e sostanze nutritive. Mangiare cibi integrali come pane, pasta, cereali, riso integrale, avena, orzo, ecc. fornisce una grande quantità di energia e riduce anche il rischio di malattie, tra cui il cancro alla prostata e al colon. Altri cibi come fagioli, lenticchie, frutta e verdura ecc. hanno un alto contenuto di fibre. Questo aiuta a controllare la fame e crea l'illusione di sazietà, così non farai degli spuntini fuori pasto, inutilmente.

I frutti di mare e gli alimenti come fagioli, piselli e soia forniscono una sana varietà di proteine al corpo. I grassi non sono una cosa della quale dovresti aver paura, ma evita i grassi saturi che non fanno altro che aggiungere massa inutile e poco attraente al tuo corpo. Riduci i grassi saturi che normalmente si trovano nelle carni ad alto contenuto di grassi e nei latticini, per non parlare dei cibi fritti (e dei fast-food). Una valida alternativa è usare olio d'oliva e di canola, noci, semi e avocado. Questi ti forniscono grassi insaturi e sani che sono effettivamente più efficienti e utili quando si tratta del tuo sistema cardiovascolare.

Quando parliamo di ridurre il grasso saturo, non intendiamo rimuoverlo completamente. I grassi saturi contengono colesterolo che, sebbene induca a pensare a problemi di salute e malattie, è in realtà un precursore del testosterone naturale. Inoltre, la carne del pesce grasso come il salmone contiene grassi polinsaturi, che regolano notevolmente la circolazione e il flusso sanguigno. Non solo è importante per la tua salute in generale ma, come maschio alfa, aumenta notevolmente la tua libido.

Altre abitudini come saltare la colazione o ritardarla possono portare ad un aumento dell'ormone della crescita e persino a perdere qualche chilo. Tuttavia, quanto detto sopra non va necessariamente bene per tutti, in particolare per chi deve tenere sotto controllo la propria salute, grazie all'ausilio di un medico. Sarebbe meglio consultare un dietologo o un nutrizionista affidabile per trovare le abitudini alimentari adatte a te.

Regime di Allenamento

Anche se fare un abbonamento in palestra sarebbe fantastico, ci sono altri modi per rimettere in forma il tuo corpo. Tenendo a mente tutti i consigli relativi alla dieta e agli alimenti, puoi facilmente iniziare una routine di allenamento in casa che ti farà apparire, sentire ed essere più sano.

Che tu stia cercando di perdere qualche chilo o di tonificare il tuo fisico, allenarti a casa ti consente di entrare nel giusto stato mentale e fisico per considerare di iscriverti ad una palestra a tempo pieno. Se ti alleni a casa, non hai nemmeno bisogno di una grande quantità di attrezzature o addirittura di pesi. La maggior parte - se non tutti - dei movimenti negli esercizi di allenamento con i pesi possono essere eseguiti utilizzando il peso del proprio corpo per aumentare la resistenza, attraverso flessioni, addominali e squat. A poco a poco, puoi aggiungere manubri regolabili adatti alle tue capacità. È disponibile un'ampia varietà di app che aiutano a monitorare il tuo regime di esercizi casalinghi, suggerendo anche nuovi metodi di allenamento che puoi eseguire facilmente a casa (Bornstein, 2015).

Le attività all'aperto come la corsa, il jogging o il ciclismo possono anche aggiungere resistenza alla tua routine di allenamento e persino migliorare la respirazione e la circolazione cardiovascolare. Ti aiutano anche a perdere peso se stai cercando di perdere qualche chilo di troppo e ti permettono di non stare rinchiuso in casa durante l'allenamento.

Una volta che avrai una forma fisica e una resistenza migliori di prima, potrai dedicarti molto più seriamente al tuo regime di allenamento. Rivolgiti ad un allenatore professionista o iscriviti in una palestra adatta alle tue esigenze. Aumenta l'intensità dei tuoi allenamenti senza affaticare il tuo corpo troppo e troppo velocemente. Prima o poi sarai in grado di ottenere i massimi risultati.

E non dimenticare: riposati a sufficienza. Una buona notte di sonno che duri più di sette ore è l'ideale per la maggior parte delle persone adulte.

Proiettare Fiducia

Se crei il tuo aspetto ideale, seguendo le linee guida di cui sopra per il tuo abbigliamento, la tua igiene, la cura della tua persona e la tua salute fisica, sarai in grado di proiettare il giusto tipo di fiducia, che è parte integrante del maschio alfa. Tutto quello che è stato detto in precedenza ti aiuta a diventare naturalmente attraente fisicamente e psicologicamente, e il tuo comportamento si adatterà di conseguenza, quando inizierai a comportarti in modo più distinto di altre persone. La tua sicurezza ti farà apparire più sicuro di te, davvero attraente, il che fa sì che le persone vogliano starti intorno il più possibile. Trasudare fiducia come un maschio alfa aumenta il numero delle persone nella tua orbita e ti offre ancora più opportunità per lasciarli a bocca aperta.

Potrebbero anche esserci momenti in cui non ti sentirai particolarmente sicuro di te, ma tutti gli elementi di cui sopra, le tue abitudini e i tuoi movimenti compenseranno prontamente qualsiasi apprensione interiore che tu possa avere. Il più piccolo degli atti - come regolare la tua postura in un certo modo - può alterare il tuo umore in modo significativo.

Postura e Movimenti Sicuri

Mantieni la postura dritta ed eretta per sembrare più sicuro e attento. Camminare in modo dinoccolato non è attraente e ti fa anche sembrare pigro. Questo vale anche nel momento in cui ti siedi, quindi tieni la colonna vertebrale dritta anche quando sei seduto. Tirare indietro le spalle e mettere il petto in fuori dà una sensazione invitante e accogliente, quindi non ti ingobbire. Per mantenerti più dritto, tieni le gambe e le braccia non incrociate.

Mostra sempre alle persone con cui parli, specialmente alle donne, che ti concentri esclusivamente su di loro. Mantieni il contatto visivo e tieni il mento in alto. Gli occhi in avanti e lo sguardo verso l'alto mostrano quanto apprezzi l'altra persona, impedendo contemporaneamente al tuo sguardo di spostarsi verso il basso per causare qualsiasi evidente imbarazzo.

Mantieni un linguaggio del corpo positivo a partire dai movimenti delle mani, che devono mostrare stabilità e sicurezza. Evita di agitarti, in quanto può rivelare il nervosismo che senti dentro. E, già che ci siamo, toccare goffamente viso, collo o capelli sono segni rivelatori di nervosismo e fanno sembrare che tu stia cercando di pensare ad una risposta appropriata. Anche se dovessi essere nervoso, non va bene renderlo così evidente. Inoltre, non dimenticare di tenere le mani visibili, il che significa evitare di metterle in tasca. Le tue mani sono l'estensione delle tue parole, in quanto ti permettono di compiere i gesti appropriati per completare ciò che stai dicendo. Possono proiettare efficacemente sicurezza e competenza mentre stai parlando. Per quanto riguarda i tuoi movimenti, fai in modo che siano lenti, regolari e metodici. Essere troppo veloci, fare movimenti improvvisi o casuali, ti farà sembrare più ansioso e inospitale.

Capitolo 4

Arrivare Prima degli Altri

Se hai l'impressione che lavorare su te stesso riguardo ai vestiti giusti, la giusta cura e la giusta struttura fisica sia più che sufficiente per costruire connessioni con le persone, specialmente con le donne, allora dovresti fare una prova. Una volta che avrai ottenuto l'aspetto e il fisico da maschio alfa ideale, necessario per aumentare la tua sicurezza e attirare l'attenzione di chiunque desideri, inizia la fase successiva. E questo richiede molta più abilità e tenacia di quanto potresti aver investito mentre lavoravi sul tuo aspetto esteriore, al fine di risultare attraente. Ci vuole fascino e talento anche nel modo di parlare, nel modo di sorridere e nel modo in cui ti comporti con le donne. Il tuo aspetto può certamente attirare la loro attenzione ma, per tenerle strette a te, dovrai far emergere la tua personalità maschile alfa definitiva.

L'Arte dell'Approccio

Un buon test per un maschio alfa per sapere di avere il controllo dell'ambiente circostante è sfruttare l'abilità di osservazione prima di fare effettivamente una mossa.

Ciò avviene durante la fase di avvicinamento, quando un alfa entra nel campo dell'obiettivo che si è prefissato. Nonostante un mare di belle donne là fuori, le migliori a cui avvicinarsi di solito devono trovarsi nelle circostanze ideali affinché tu possa usare al meglio le tue capacità. E una volta che sarai in grado di vedere solo l'obiettivo che hai puntato, il tuo approccio deve essere sia misterioso che allettante, e per niente indesiderato.

Non dimenticare, però, che anche le belle donne vogliono essere avvicinate. Questo è importante, in quanto le fa sentire più belle e si sentiranno lusingate se un bell'uomo come te dà loro le giuste attenzioni. Tuttavia, potrebbero anche esserci momenti in cui non sono pronte o disposte ad essere avvicinate, quindi partire a testa bassa non è sicuramente la strada da percorrere.

Osserva e Valuta

Guardati bene intorno e osserva attentamente tutti i segnali, anche quelli meno evidenti, prima di tentare effettivamente l'approccio. L'ambiente intorno a lei può darti qualche suggerimento su chi è e cosa sta facendo in quel determinato posto. Ha un sorriso sul viso o è più spensierata quando sta con i suoi amici? Cosa indossa e come si comporta? Si è vestita in modo tale da voler impressionare qualcuno o è una situazione nuova anche per lei? Cerca alcuni segnali più evidenti. C'è una fede nuziale? Non è così difficile da scoprire o da notare se l'ha tolta per la serata, dato che dovrebbe esserci un segno intorno al suo dito. Se biascica mentre parla, potrebbe aver bevuto un po' troppo?

Inoltre, non fa male fare alcune altre osservazioni che potrebbero essere utili. Quanto è a suo agio con i suoi amici? Se si trova in un luogo dove sono presenti sia uomini che donne, è probabile che i suoi gusti siano più evidenti. Tuttavia, sta guardando una delle sue amiche con più attenzione di quanto dovrebbe? Quanto spesso la tocca? È una cosa casuale o c'è qualcosa di più?

E nel caso fosse lì da sola, perché pensi che sia qui? Sembra aperta a qualche nuova conoscenza o sembra un po' terrorizzata? Sembra guardinga o ansiosa? Tutto questo deve essere osservato mentre passi accanto a lei, prima di rivolgerle la parola.

Fatti Sentire e Non Vedere

Quando la osservi, è importante che lei non ti noti mentre le giri attorno. Meglio evitare di bighellonare, se non vuoi essere scambiato per uno stalker. Usa le persone presenti per navigare con attenzione intorno a lei e, quando sarà il momento, fatti notare. Dovresti farlo senza avvicinarti veramente a lei; fai semplicemente in modo che sia lei a notarti. Lascia che ti veda di sfuggita e fai in modo che sia il suo subconscio ad accorgersi della tua presenza.

Una volta che sarai entrato nel suo campo visivo, cerca di uscirne per un breve istante. Fai tutto questo senza guardarla o parlarle. Quando alzerà la testa con ansia per vedere se la noterai o meno, attira il suo sguardo e ricambiala con un sorriso. Tutto questo dovrebbe avvenire nell'arco di tempo di un paio di secondi, il che significa che non devi mantenere il contatto visivo con lei troppo a lungo. Dai un'occhiata e vedi come reagisce. È in tuo potere? È solo un po' delusa dal fatto che sei semplicemente passato accanto a lei? C'è qualcosa nei suoi occhi che mostra un barlume di speranza per qualcosa di più? Più piccolo è il dettaglio, meglio è, poiché mostra quanto presti attenzione alle piccole cose.

Fai la Tua Mossa

Dopo aver "sentito com'è l'acqua" e aver determinato se l'approccio vale lo sforzo, è arrivato il momento. Sfoggia il tuo miglior sorriso, rimani positivo e avvicinati a lei fino a farti vedere, cioè di fronte o di lato. Non avvicinarti mai da dietro e mantieni una distanza ponderata da lei per non intrometterti nel suo spazio. A circa un metro di distanza dovrebbe andare bene, in modo che lei non lo trovi inopportuno. Mantieni il tuo corpo rilassato stando ben dritto e sii fiducioso.

Non rovinare tutto prima di iniziare, e ciò significa evitare quei cliché che potresti pensare servano effettivamente per rompere il ghiaccio con le donne. Prima di tutto: non usare mai frasi scontate. Questo dimostrerebbe quanto poco comprendi la donna di oggi ed anche scarsa consapevolezza su ciò che effettivamente la stimola. Capirà automaticamente che non la apprezzi o che non la rispetti affatto, cosa che un alfa non farebbe mai. Le battute scontate non funzionano mai e le donne perdono immediatamente interesse e se ne vanno non appena ne pronunci una. Se hai intenzione di dire qualcosa, fallo in modo originale e fai in modo che abbia un valore.

Allo stesso modo, non offrirle da bere. Potresti pensare che sia la cosa giusta per un gentiluomo, ma potrebbe sembrare che pensi che non possa permettersi di pagare i suoi drink. Inoltre, potrebbe pensare che tu sia il tipo di persona che compra il suo tempo per un bicchiere di alcol. Offrirle da bere è un rompighiaccio amatoriale, poiché non fai assolutamente nulla di sostanziale per presentarti. Piuttosto, ti metti automaticamente in una posizione subordinata, che ti rende il tipo di soggetto alla disperata ricerca della sua attenzione. Considerando che l'obiettivo dovrebbe essere creare interesse reciproco l'uno per l'altra, offrirle da bere non ti farà sembrare un individuo che merita rispetto, capace di portare avanti una conversazione interessante in alcun modo.

Il più delle volte, vorrà passare una serata divertente con un'amica o un gruppo di amici; in tal caso, fai attenzione quando decidi di entrare in azione. Se è impegnata in una conversazione con un'amica o sta ascoltando qualcun altro raccontare una storia, non interromperla. Irrompere e dirottare una conversazione per attirare l'attenzione è semplicemente scortese. In effetti, lo è anche chiederle di isolarsi dal gruppo. Cerca di rivolgerti alla sua amica o al gruppo. Individuarla potrebbe farla sentire insicura rispetto alle tue intenzioni, e senza dubbio indurrebbe i suoi amici a sentirsi protettivi nei suoi confronti. Tuttavia, potrebbero sentirsi più rilassati se farai amicizia con ognuno di loro e se li tratti da pari, prima di dedicare gradualmente sempre più attenzione alla persona per cui sei qui. E, naturalmente, il fatto che i suoi amici ti vedano in modo positivo, aiuta sempre e fa sentire a suo agio anche lei. Questo è rassicurante, oltre che educato da parte tua (Andrew Moore, n.d.).

La Conversazione

Una volta appurato cosa non dire e come impegnarsi effettivamente per ottenere il suo tempo, la fase successiva è sapere esattamente cosa dire per far approfondire ulteriormente il suo interesse nei tuoi confronti. Gli argomenti che tocchi le mostreranno il tipo di persona che sei e le opinioni che hai, che forniscono una finestra diretta sulla tua personalità. Le offri la possibilità di valutarti, per determinare se sei compatibile o meno con lei e se sei il tipo di persona con cui riesce a intravedere un possibile legame.

Inizia facendo osservazioni casuali su ciò che ti circonda, chiedendole cosa pensa del luogo e persino sollecitando il suo feedback o la sua opinione su un argomento giocoso. Farla aprire le farà sentire che vuoi saperne di più su di lei e che ti interessano le sue opinioni, e aggiungere le tue battute e risposte per mantenere viva la conversazione mostra il livello di interesse che hai. Avvicinarsi a lei con delle domande ti consente anche di rivelare il meno possibile di te stesso, in modo da mantenere un'aura di mistero su di te, che lei si divertirà a svelare.

Parla Chiaramente

Una volta iniziata la conversazione, regola il tuo discorso in base all'ambiente in cui ti trovi. Potresti voler parlare un po' più forte del solito, soprattutto se il posto è troppo affollato, e parlare ancora più forte se c'è molta musica e frenesia che rendono difficile l'ascolto. In ogni circostanza, parla in modo chiaro e leggibile senza mormorare o mangiarti le parole. Mantieni un ritmo ragionevole senza andare troppo veloce, in modo che possa starti dietro.

Rispetta il Suo Tempo

Anche se hai fatto progressi nel conoscerla molto meglio, non sminuire il motivo per cui è venuta qui in primo luogo. Se le sue amiche sono con lei, potrebbe essere una serata tra ragazze, per cui sarebbe meglio non essere d'impiccio. Lasciarle godere il tempo con le sue amiche e ritirarsi con un sorriso sul tuo volto le fa capire quanto tu sia un gentiluomo, e potresti anche dirle che ti piacerebbe continuare la conversazione in futuro. Rendendosi conto di quanto tu sia disposto a lasciarla divertire come aveva previsto, potrebbe ricambiare la cortesia, chiedendo di scambiarvi i numeri di telefono. Questo è davvero un successo, perché ti sei guadagnato le fondamenta di un legame sicuro. Sapete entrambi che ci saranno buone possibilità di parlare più avanti, il che in realtà è un risultato positivo.

Preparati al Rifiuto

Ovviamente, ci sono altrettante possibilità che lei dica di no in qualsiasi fase della tua interazione. Potrebbe succedere quando stai facendo la tua mossa o durante la conversazione. Potrebbero esserci molte ragioni, ma è meglio non soffermarsi su questo aspetto. Nel momento in cui dirà di no o non darà alcuna segnale di voler andare avanti, sii sportivo e adulala con un sorriso. Un semplice "Beh, valeva la pena provare. Goditi la serata!" è un'ottima mossa per lasciare un'opinione positiva sia dell'interazione che di te. Dopotutto, non è necessario che la serata finisca con una nota acida, e non è così che vorresti sentirti se desiderassi fare una mossa con la tua prossima potenziale conquista (*come chiedere il suo numero - ed effettivamente ottenerlo*, n.d.).

Carisma

Ti sei mai chiesto perché i maschi alfa hanno donne che pendono dalle loro labbra e vengono visti con una donna nuova ogni giorno? Potrebbe essere a causa del modo in cui appaiono o ostentano la loro figura, ma è molto più probabile che abbiano carisma. È la qualità per essere in grado di attrarre, affascinare e influenzare coloro che ti circondano, un misto di affabilità e influenza. Avere carisma è ciò che ti consente di comandare un ufficio, attirare gli altri verso di te e convincere le persone delle tue idee. In breve, penderanno dalle tue labbra per via del carisma che emani.

Naturalmente, essere carismatici è possibile con lo sforzo e la pratica. La chiave per sviluppare il carisma in te stesso è concentrarti su alcune caratteristiche che puoi praticare ogni giorno e puoi poi applicare al tuo comportamento, in modo da sembrare più magnetico, affidabile e influente. Diversi aspetti del carisma si fanno strada per creare una sorta di magia dentro di te, che puoi usare per attirare le persone e diventare qualcuno che difficilmente possano evitare.

Presenza

Potresti pensare che il carisma sia tutto, ma il segreto paradossale dietro ad esso è esattamente il contrario. Avere carisma non significa solo essere in grado di sapersi vendere e farsi marchiare come un dono di Dio per l'umanità; si tratta di far sentire gli altri apprezzati in tua presenza. Più si sentono a loro agio e rispettati quando sono intorno a te, più aumenta la loro lealtà nei tuoi confronti. Ti vedranno come qualcuno interattivo, piacevole e allegro abbastanza da farli sentire bene con loro stessi, tanto da non dover stare in guardia quando sono vicino a te. Per loro non c'è niente che tu possa dire o fare che li spingerà a desiderare di lasciare la tua orbita, e tutto inizia con il modo in cui li tratti quando sono con te. Ricorda, concentrati meno su di te e più su di loro. Non denigrare mai gli altri (McKay, 2013).

Forza

Il modo in cui appari e il modo in cui ti muovi o fai qualcosa crea un'aura di perfezione attorno a te. Le persone vorranno essere viste accanto a te per il potere che hai su te stesso e sul tuo ambiente, con il tuo linguaggio del corpo e il tuo aspetto che ti fanno risaltare tra la folla e creano una bolla di sicurezza e protezione grazie al tuo passo sicuro. I tuoi gesti e le tue espressioni sottili comunicano anche che stai prestando loro l'attenzione che desiderano. Un sorriso, un cenno del capo o anche un cipiglio può far loro sapere che hai ascoltato quello che hanno detto. Affermare o confermare la tua comprensione con alcune buone domande può anche mostrare quanto a fondo comprendi ciò che significa per loro. Inoltre, non abbagliarli o fissarli perché potrebbero sentirsi insicuri. Tieni semplicemente gli occhi fissi sui loro e lascia che i tuoi sorrisi e i tuoi cenni facciano il resto. Soprattutto, non guardare oltre le loro spalle, anche se trovi un bersaglio più interessante dall'altra parte della stanza. E questo vale il doppio per quanto riguarda l'essere distratto dal tuo telefono.

Calore

Una volta che la tua presenza come persona allegra e piacevole li farà sentire a proprio agio, sviluppare un calore genuino con loro avviene in modo facile. Si tratta di essere disponibili, premurosi ed empatici nei loro confronti. Il calore genuino ti fa sentire il loro dolore e le loro apprensioni come se stessero accadendo a te e ti fa investire nel loro benessere. Vuoi che si sentano meglio. Hai bisogno che si sentano bene con loro stessi, grazie alle tue parole e alle tue azioni. Soprattutto, vuoi che si sentano meglio grazie a te. Non significa che devi loro qualcosa, ma crea una calda sensazione dentro di te per un lavoro ben fatto. Tuttavia, non essere falso quando cerchi di entrare in empatia con le persone. Inizia con un approccio semplice, discreto e curioso quando vuoi interagire con gli altri. Potrebbero gradualmente sentirsi abbastanza a loro agio da aprirsi con te. Cerca, quindi, di conoscere la versione migliore di te stesso. Il carisma consiste nel rivelare costantemente chi sei al tuo ritmo, a volte con sicurezza, a volte in silenzio.

Charme

Il fascino è semplicemente l'arte di far sapere a qualcuno che ti senti bene con lui, senza chiedere nulla in cambio. Questo, in effetti, fa sentire bene quella persona in tua compagnia e fa nascere una connessione reciproca. Essere affascinanti significa creare sensazioni di attrazione verso di te all'interno di una donna, oltre ad essere il tipo di persona alla quale è piacevole stare intorno, con cui parlare e interagire.

Non c'è un modo per essere o sforzarsi di essere affascinante. Deve essere un processo sincero e sbocciare in modo genuino. È più potente quando credi a quello che dici, poiché più ci credi, più diventa reale.

Una volta compreso ciò che le persone trovano affascinante, lavoraci su fino a raggiungere la perfezione, così diventerà parte della tua personalità in modo naturale, il che ti renderà più accattivante nei confronti degli altri.

Una semplice equazione

Sì, usare un'equazione per l'attrazione potrebbe sembrare insolito, ma essere affascinanti con le donne è in realtà piuttosto semplice. L'equazione è la seguente:

Falla sentire attratta da te + Trattala bene = Affascinante

Esatto, sii il tuo vero "io" alfa e mostrale che persona premurosa e compassionevole sei. E chi c'è meglio di lei verso cui essere premuroso e compassionevole? Per essere affascinante, pensa meno a volerla impressionare e più a essere cordiale e amichevole attraverso il tuo carisma. Dovresti anche preoccuparti se anche l'altra persona si sente come se stesse andando bene (Bacon, n.d.).

Usare lo Charme

Non c'è momento migliore per praticare il tuo fascino del momento stesso in cui sei con lei, quindi il trucco è essere totalmente affascinato da lei come persona, così come da ogni parola che ti dice. Ciò significa concederle la tua totale attenzione e non interromperla o interrompere la sua conversazione. Mostra quanto la apprezzi come persona e quanto ti piacciano le sue idee. Parla di meno, ascolta di più. Invece di parlare di te stesso e cercare di impressionarla, lasciati impressionare da lei. Potresti persino far affiorare un certo ricordo che è del tutto correlato a ciò di cui ti sta parlando, e potresti persino volerglielo dire. Non farlo. Tienilo per te. Parla e ascolta come se trovassi che è la persona più affascinante che tu abbia mai incontrato.

Non è nemmeno così difficile da fare. Attendi che pronunci ogni sua parola, ma a volte fai domande e ascolta attentamente le risposte. Mostra quanto sei interessato e curioso nei suoi confronti come persona. Guarda per quanto tempo riesci a incoraggiarla a parlare senza interromperla o parlare di te stesso. Più sei impressionato da lei, dalle sue idee e dalle sue opinioni, dal suo carattere e dalla sua personalità, più rimarrà colpita da te.

L'Arte del Linguaggio del Corpo

Il linguaggio del corpo rappresenta circa il 55% di quello che trasmetti quando parli. Il modo in cui muovi le mani, la facilità con cui ti siedi al tuo posto senza mostrare alcun disagio, senza che il pensiero del messaggio che trasmetti ti faccia rabbrividire (Barker, 2012).

Diversi studi dimostrano che le donne possono leggere il linguaggio del corpo due o tre volte meglio degli uomini. Il tuo linguaggio del corpo dovrebbe far sentire alle donne che sei accogliente e aperto nei loro confronti. Adotta una posizione aperta mantenendo le braccia visibili, non piegate, in quanto questo mostra riservatezza. Meglio stare in piedi con i piedi alla larghezza delle spalle, le braccia all'altezza della cintura e la testa alta. Più apparirai equilibrato, aperto e sicuro di te, più gli altri si sentiranno a loro agio nell'avvicinarti.

Mantenere il contatto visivo ti consente di incanalare la tua energia positiva verso queste persone, rendendo più probabile il fatto che siano attratte da te. Chiudere gli occhi con qualcuno può essere complicato per entrambi, quindi se ti senti un po' a disagio a fissare gli occhi di qualcun altro, prova questo piccolo trucco: disegna un triangolo invertito immaginario sul viso dell'altra persona intorno agli occhi e alla bocca. Durante la conversazione, cambia lo sguardo ogni cinque-dieci secondi da un punto all'altro del triangolo. Questo ti farà sembrare interessato e assorbito dalla conversazione. I sorrisi vanno di pari passo, quindi sorridi sempre in modo sincero e onesto. Più sorridi, più sentimenti positivi trasmetti a te stesso e alle persone intorno a te.

Quando senti aumentare la tensione, sii particolarmente consapevole del tuo linguaggio del corpo e mantienilo positivo. Sporgiti in avanti durante la conversazione, invece di piegarti all'indietro col rischio di mettere distanza. Questo è esattamente ciò che trasmette l'appoggiarsi all'indietro: crea distanza tra voi due. Ma fai attenzione a non piegarti nemmeno troppo in avanti. Ci vuole pratica per trovare il tuo punto di forza e diventerà una delle tue migliori risorse quando ce la farai.

Mantieni una stretta di mano ferma in tutte le circostanze. Una stretta di mano debole è un segno di mancanza di fiducia e le persone se ne accorgeranno. Rispecchia le loro azioni, ma non imitarle.

Leggere il Linguaggio del Corpo

Ricorda che tutte le tue azioni vengono osservate attentamente e anche tu devi fare altrettanto. Anche se devi mantenere il tuo linguaggio del corpo il più accogliente e accomodante possibile, potrebbe esserci qualcosa nell'altra persona che non sia palesemente evidente dalle sue parole, ma le sue azioni o i suoi gesti potrebbero dirti tutto ciò che devi sapere. Comprendi il contesto in cui noti determinati movimenti e cerca di capire se qualcuno dovrebbe comportarsi esattamente come dovrebbe in questa particolare situazione. Potrebbe non essere nemmeno solo un tipo di azione, ma una serie di tic che formano un intero gruppo di azioni. A cosa sono associati questi comportamenti? Disagio? Apprensione? Paura?

Una volta che li avrai tolti di mezzo, cerca di capire come si comporta in modo normale. Prova a trovare i segni rivelatori di cosa rende felici queste persone, eccitate e persino tristi. In questo modo, saprai come agire o reagire di conseguenza. Lo stesso vale anche per il modo in cui ti comporti. Elimina le stranezze e i tic che possono segnalare il tuo disagio e crea la tua base, piena di fiducia, fascino e carisma.

Sii tuttavia consapevole dei tuoi pregiudizi. Non presumere o dare per scontato nulla, anche prima che queste persone abbiano iniziato a parlare. In quanto maschio alfa, il tuo obiettivo è creare una connessione duratura e lei sarà più attratta da te se ti prendi del tempo per capire le sue vulnerabilità. Anche questo sarà nuovo per lei, non dimenticarlo mai.

Vorrà o non vorrà?

A seconda di come sta andando la tua interazione con lei, il linguaggio del corpo può dirti se è pronta o meno a conoscerti meglio. Se inizia a muoversi verso di te e diminuisce lo spazio tra di voi, è chiaro che sta iniziando a godersi la tua compagnia e la tua presenza. È ancora meglio se si china verso di te o ha i piedi rivolti verso te. La distanza continua a diminuire e il suo desiderio di te inizia ad aumentare, motivo per cui avrà le gambe non incrociate e comode. Tenere le braccia aperte e visibili insieme ai palmi rivolti verso l'alto, per non parlare di quando accarezza scherzosamente i suoi gioielli o i suoi capelli, mostra quanto si stia divertendo in tua compagnia; soprattutto il suo sorriso, il suo prolungato contatto visivo e soprattutto lo sguardo timido verso il basso mentre si spinge ciocche di capelli dietro l'orecchio quasi a suggellare l'accordo.

Ci sono altri indicatori positivi che all'inizio potrebbero non sembrare di buon auspicio. Ad esempio, potrebbe persino perdere l'orientamento se trova il tuo livello di attrazione molto più intenso di quanto pensavi. Questo può trasformare il suo sé fiducioso e assertivo in qualcuno che pende letteralmente dalle tue labbra. All'inizio può sembrare carino, ma potrebbe perdere il suo fascino se stai cercando di superare le fasi iniziali della conversazione. Ma sii pronto a darle la possibilità di orientarsi e ad aiutarla a uscire dalle sue fantasticherie. Se è a corto di parole, puoi anche portare avanti la conversazione per un po' e scherzare su tutto. Dalle un po' di spazio per respirare, in modo che possa superare il suo nervosismo. Tieni presente che, se sta armeggiando con qualcosa o non dice una parola, è molto probabile che ci tenga a fare la migliore impressione su di te.

Al contrario, se inizia ad allontanarsi, distogliendo gli occhi da te, grattandosi intorno agli occhi o al naso, massaggiandosi la parte posteriore del collo o annuendo frequentemente, allora c'è un problema. Il cenno del capo dovrebbe renderlo ovvio: stai parlando troppo. Non solo, siamo a livello di *mansplaining*, che è esattamente il motivo per cui lei è accigliata e fa una smorfia. Se tiene gli occhi lontani da te, dovrebbe far suonare un campanello d'allarme nella tua testa e puoi scordarti che sia ben disposta se ha le gambe incrociate e rigide, i palmi verso il basso e le mani chiuse.

Visto che siamo in argomento, anche il tuo disinteresse può diventare ovvio per lei. Potrebbe essere involontario, ma le tue microespressioni possono anche innescare qualcosa in lei che alla fine ti spegnerà. Può accadere anche solo per un attimo, ma nel caso dovesse accorgersene, può cambiare la sua visione dell'intera esperienza. Esse rivelano alcune verità che potresti aver cercato di nascondere molto bene, ma che per una frazione di secondo sono emerse comunque. Ad ogni modo, fai del tuo meglio per rimanere attivamente coinvolto nella conversazione e falle capire che sei coinvolto almeno tanto quanto lei, attraverso il tuo linguaggio del corpo (Nicholson, 2011).

Capitolo 5

Mantieni Vivo L'Interesse

Hai attirato la sua attenzione e te la sei guadagnata. Sei riuscito a farti adorare dai suoi amici. Hai creato il tuo spazio nella sua mente e il suo corpo inizia a sentirsi a proprio agio quando le sei intorno con il tuo spirito disinvolto, il tuo fascino magnetico e il tuo carisma magico. E sembra che tu abbia fatto davvero un ottimo lavoro per essere un principiante. Ora devi tenerla concentrata su di te per farle capire che sei tutto questo e molto di più. Ecco perché le prime impressioni sono soltanto le prime. È importante coinvolgere e costruire un rapporto da lì in avanti, il che significa mantenere il tuo piano da alfa quando si tratta di flirtare.

Flirtare 101

Flirtare deve essere un'interazione leggera e divertente, con un'atmosfera sessuale ariosa e una dolce conferma. In definitiva, l'obiettivo è farla sorridere e continuare a sorridere. Che tu ci creda o no, la maggior parte degli uomini non ha assolutamente idea di come flirtare con le donne. Invece, tentano un po' di tutto senza nemmeno osservare e sperano di riuscirci, come per magia. Puoi già immaginare come andrà a finire: un'esperienza sgradevole e piena di imbarazzo, specialmente se altre persone - ovvero altre donne - ti vedranno fare questa brutta figura.

È qui che entrano in gioco i tratti della tua personalità maschile alfa e le tue capacità di comunicazione ti serviranno. Sii un ottimo conversatore conducendo la discussione nella direzione che desideri, ma mantienila divertente e interessante per entrambi. Capirai dal suo linguaggio del corpo quanto sia ricettiva ai tuoi flirt, quindi mettila a suo agio abbastanza da aprirsi e da farla parlare delle cose che ama. Pensa a qualcosa di spiritoso e divertente da dire che completerà ciò che sta dicendo e la farà ridere all'istante. Evita a tutti i costi battute sessuali e umorismo di bassa lega e non fare battute a tue spese. Dovrebbe ridere con te e non di te.

Non Scadere nei Cliché

Ovviamente non ti interesserà una relazione se non è attraente fisicamente, quindi è logico che molti altri uomini abbiano tentato la fortuna nell'incantarla. Sa quanto è bella e quali sono le caratteristiche che attraggono gli uomini verso di lei, come falene verso una fiamma. Cerca di immaginare quante battute e quanto materiale scadente ha sentito nella sua vita. Mentre altri uomini commettono l'errore di usare argomenti noiosi e che l'hanno letteralmente sfinita, tu devi evitare questa situazione come la peste. Quindi, nessuna battuta sugli angeli che cadono dal cielo o sul fatto che abbia rubato il tuo cuore, a meno che tu non voglia essere deriso da tutto il locale.

Sii originale e naturale nel modo in cui ti avvicini a lei. Usa la fiducia in te stesso e la sicurezza che sai dimostrare. La tua padronanza dello stile e della postura, così come il tuo fascino, devono essere emanati dal modo in cui le parli. Le parole che usi devono essere classiche, originali e piene di grazia, in modo da non farle alzare gli occhi al cielo o trasformare il suo sorriso in una smorfia.

Resta disinvolto

Una volta che la conversazione entra nella fase in cui ci si aspetta che tu sia allegro e loquace, non deluderla. Finora ti sei complimentato riguardo alle sue opinioni, ma adesso è giunto il momento di essere più divertente e giocoso. Le chiacchiere ti aiutano molto quando trovi svariati interessi simili, e puoi mantenere vivo e positivo il discorso con alcune battute pulite e divertenti. Dire la cosa giusta sarà importante, poiché la conversazione fluirà ad un ritmo naturale. Non grugnire e non emettere suoni sgradevoli mentre la ascolti, altrimenti li percepirà come una mancanza di interesse. Non dimenticare di mostrare anche un linguaggio del corpo positivo per dimostrare che sei interessato a lei. Questo conduce alla parte successiva e più impegnativa: il tocco (*7 suggerimenti sul flirtare con le donne*, n.d.).

Di regola, aspetta un po' a farle i complimenti. Non vuoi porgerle un regalo di compleanno e dirle esplicitamente di cosa si tratta prima ancora che lo scarti, vero? E comunque, sei con lei e le stai parlando, il che è più che sufficiente per farle capire quanto sia degna delle tue lodi. Tutto il mistero e l'eccitazione sono il fulcro dell'incontro, quindi lasciali per quando sarà il momento giusto. Ciò dovrebbe consentire a voi due di interagire l'uno con l'altro su un'ampia varietà di argomenti, specialmente se si tratta di qualcosa di cui parlare, che la fa sentire bene con sé stessa senza includere dei complimenti nei suoi confronti. Guardala con il desiderio negli occhi, sostieni il suo sguardo mentre conversi, per farla sentire la donna più desiderata al mondo, il che porta il suo desiderio di ricevere un complimento ad uno stadio febbrile. Questo è il momento di giocare le tue carte, in quanto ti offre una grande opportunità per essere sicuro di te e sexy. Ti desidererà piuttosto in fretta, ma divertirsi un po' lungo la strada è in realtà più accattivante.

Uso Simpatico dei Doppi Sensi

Potresti pensare "aspetta, questo sembra un comportamento da adolescente", ma non è necessariamente così. I doppi sensi, se usati con il dovuto tempismo, possono rivelarsi sia divertenti che giocosi senza sembrare troppo grossolani o volgari. Aggiungono un pizzico di intenzione sessuale in una conversazione, senza che sia l'obiettivo reale. Invece, può essere divertente e ideale per farsi una bella risata. Inoltre, non c'è bisogno che siano a sfondo sessuale per essere divertenti (*Come Flirtare (Correttamente) Con Una Donna (aggiornato al 2020)*, 2017).

Anche i doppi sensi involontari possono suscitare una risata, ed è ancora più accattivante se lei comprende la battuta e tu no. Lascia che sia lei a farsi una risata e l'intrattenimento renderà la conversazione molto più spensierata e potrai spingerla verso un'interpretazione sessuale, senza farla sembrare deliberata.

Trattala Bene

Sii sempre gentile, rispettoso e garbato. Questa è la strada da percorrere per creare la migliore impressione di te nei suoi pensieri. Tuttavia, non essere troppo timido e sii sincero su chi sei, cosa vuoi e quali sono i tuoi interessi. Mantenere le tue aspettative e gestirle, così come dovresti fare con le sue, ti assicurerà che siate entrambi d'accordo sull'esito del vostro rendez-vous senza disattendere alcun presupposto per cui nessuno di voi è ancora pronto.

Quando andrai a prenderla da casa sua, sii un gentiluomo. Apri la portiera della macchina e tienile la mano mentre entra. Lo stesso vale per quando arrivi al ristorante o all'evento, a meno che il parcheggiatore non sia proprio lì fuori. Ricorda che la consideri speciale, quindi porgile la mano o il gomito mentre l'accompagni dentro. Non avrai nemmeno bisogno di tirare fuori una sedia per lei se ha la sua mano nella tua.

L'obiettivo di un appuntamento è farla divertire, cercando di stare attento ai suoi sentimenti e alle sue emozioni. Quindi, pianifica un itinerario che sai che le piacerà. Cene a lume di candela, lunghe passeggiate sul lungomare, falla assistere ad uno spettacolo di suo gradimento: fondamentalmente, organizza una serata che non dimenticherà tanto presto.

Le Piccole Cose

Non dimenticare di incassare l'assegno prima della scadenza, sempre e senza eccezioni. Sei il maschio alfa, ed è parte dell'essere un gentiluomo offrirle una notte perfetta e assicurarti che la sua esperienza sia allo stesso tempo sciolta e piacevole. L'unica volta in cui puoi e dovresti fare un'eccezione è se è lei a richiederlo. È meglio lasciarle l'ultima parola per non dover discutere o, peggio ancora, litigare. Ovviamente puoi insistere per un po', finché non ti sembra che lei si stia irrigidendo; in quel caso, sii aggraziato e mostrale che tieni al suo gesto.

I piccoli gesti fanno la differenza per aggiungere più valore alla tua esperienza e migliorare la sua opinione nei tuoi confronti. Afferra la sua mano mentre esci, anche se stai camminando verso la tua macchina. Continua a guardarla il più possibile e bada al suo linguaggio del corpo. Se senti che ha un po' di freddo e trema, offrile la tua giacca e aiutala ad indossarla lentamente e con attenzione, per mostrarle quanto tieni ai suoi bisogni.

Rispettala Come Persona

Sì, è attraente, e sì, voi due siete meravigliosi insieme, lei con la sua incredibile bellezza e tu con il tuo fascino alfa. Ma questo non significa che sia tutto qui per voi. Ricorda che è una persona che rispetta sé stessa e che ha le sue ambizioni, e lo è sempre stata anche prima che tu entrassi nella sua vita. Mentre è qui con te e ti dona il suo tempo, faresti bene a ricordare che questo è successo perché ti ha concesso un privilegio che non dovresti sprecare pigramente. Trattala con il rispetto che merita e guarda oltre la sua bellezza. Sicuramente sta anche pensando al fatto che sei un vero gentiluomo in tutto e per tutto, quindi cerca di non rovinare quell'impressione.

Lascia Che Anche Lei Prenda il Controllo

Ormai, il tuo flirt giocoso con lei sta diventando piuttosto eccitante, ma non dimenticare di far divertire anche lei. Le tue battute scherzose l'hanno eccitata parecchio, il che significa che è pronta a essere scherzosa con te. È essenziale che non le venga impedito di mostrarti i suoi affetti, poiché non solo ti offre una ricompensa immediata, ma ti mostra anche cosa prova per te. Inoltre, in quanto maschio alfa, lascia che sia lei a coccolare te, che non è una cosa che potrebbe aspettarsi da altri uomini.

Non solo, farla flirtare con te la farà sentire come se avesse il controllo della serata e aumenterà notevolmente la sua sicurezza. La farà anche sentire sexy e aumenterà il livello di attrazione tra voi due. Anche se puoi farla sentire desiderabile attraverso il modo in cui flirti con lei, le tue risposte e reazioni al suo flirt con te la fanno sentire come un'incantatrice a pieno titolo. Inoltre, mostra il suo interesse per come vuole che le cose vadano nell'immediato. Mentre flirtare vicendevolmente può creare un po' di intrattenimento per entrambi, può anche essere un preludio per altre cose che devono ancora succedere, come andare a fare una passeggiata sul lungomare dopo cena, essere invitato a prendere un caffè a casa sua e, naturalmente, l'opportunità di un rapporto intimo.

L'Arte della Conversazione

Dal primo incontro fino al successivo o ad un appuntamento notturno, le conversazioni possono creare o interrompere la tua connessione con lei. Le buone conversazioni ti danno l'opportunità di mostrare la tua intelligenza, il tuo senso dell'umorismo e persino la tua voce *sexy*. Secondo i single, queste sono le tre cose principali che hanno reso un appuntamento più appagante per loro.

Una ricca letteratura e numerose ricerche evidenziano quanto sia importante avere grandi capacità di conversazione quando si organizza un appuntamento. Janz, Pepping e Halford (2015) hanno scoperto che le donne eterosessuali pensavano che gli uomini apparissero più attraenti quando loro erano attivamente coinvolte nella conversazione, piuttosto che quando venivano lasciate in disparte. C'è di più: un sondaggio recentemente pubblicato da Plenty of Fish ha rilevato che nove single su dieci dicono che una buona conversazione sia il segno numero uno per un appuntamento di successo. Quindi non si tratta solo di essere in grado di intrattenere un'ottima conversazione con lei, ma di essere in grado di parlare di un'ampia varietà di argomenti che lei possa trovare interessanti e divertenti.

Il segreto dietro una buona conversazione non è poi così misterioso. Devi solo essere naturale e non avere una serie di aspettative troppo elevate. Come per tutte le relazioni e le connessioni, le cose in comune sono ciò che unisce due persone. Che si tratti di hobby o interessi o magari anche del cibo che possa creare affinità tra due persone, fare due chiacchiere farà in modo di farvi scoprire esattamente cosa avete in comune. L'obiettivo della chiacchierata è trovare delle somiglianze. Questo è importante, in quanto avere delle cose in comune è straordinariamente potente quando si tratta di progettare un legame. Anche se non ce ne sono da subito, puoi sempre interessarti a saperne di più su ciò che lei trova più interessante. Apprezzerà il tuo interesse e ti riterrà premuroso se non allontanerai la conversazione dalle sue aree di interesse.

Tenere un'Ottima Conversazione

Il vero vantaggio delle chiacchiere è che sarai in grado di mostrare sincero interesse nel volerla conoscere a fondo. Ti aiuta ad incanalare la tua curiosità e a mostrare vero interesse per lei come persona, cosa che troverà attraente. Ricorda, farla parlare e farla aprire è essenziale per un maschio alfa, al fine di dimostrare quanto sia rispettata, e quindi dovrai orientare i tuoi argomenti e le tue domande per ottenere proprio questo. Poni domande intenzionali e aperte, poiché non vuoi ottenere solo dei sì o dei no, ma anche dettagli sul come e sul perché che si nasconde dietro alle sue risposte. Sii aperto e curioso riguardo a determinati argomenti, ma cerca di mantenerli leggeri, rispettosi e aperti. Aggiungi un po' di pepe alle tue risposte e arricchiscile con informazioni interessanti e intriganti. Ad esempio, se stai raccontando la tua ultima cena in un ristorante, aggiungi alcune informazioni aggiuntive riguardo l'atmosfera e cerca di paragonarla a com'era speciale in quell'occasione. Piccole informazioni come questa le permetteranno di accendere la curiosità nella sua mente e aggiungere qualcosa di nuovo alla conversazione, e potrebbero persino portarla a voler continuare il discorso raccontandoti qualche esperienza simile.

Nel caso in cui ritenga che alcuni argomenti possano essere difficili da affrontare, forse a causa di un'esperienza negativa, non andare oltre, ma concentrati piuttosto sugli aspetti positivi. Cerca sempre dei modi per farla sentire a suo agio. In questo modo, la aiuterai a superare la negatività che potrebbe provare e la aiuterai ad essere una persona migliore di prima. Trattala bene e cerca di rafforzare la sua autostima e l'immagine di sé: queste sono delle strategie importanti che ti aiuteranno nel lungo periodo. Non dimenticare di incoraggiarla e di fornirle un feedback positivo. Falle i complimenti quando è appropriato e cerca di riconoscere i suoi talenti quando li vedi. Tutto si ricollega al tuo fascino e al tuo carisma.

A volte, senza nemmeno volerlo, la conversazione può indirizzarsi verso qualcosa di molto più sensibile come la religione, la politica, ecc. Ricorda, non giudicare o discutere mai e mantieni la mente aperta. È molto importante non interrompere goffamente la conversazione se l'argomento è un po' troppo delicato. In effetti, mostrare che non ti dispiace una discussione leggera riguardo a certe tematiche è un segno che indica che ti piace ascoltare altre idee con cui potresti non essere necessariamente d'accordo. Inoltre, puoi comunque ammettere di non essere d'accordo con le sue idee senza entrare in conflitto con lei.

Tono di voce

Hai mai sentito parlare della regola 7-38-55? È una teoria sviluppata da Albert Mehrabian nel 1971 quando era professore di psicologia all'Università della California. In pratica, espone in modo efficace la comunicazione delle emozioni in tutti i tipi di negoziazioni ad alto rischio, e non è molto diverso dal conversare con la persona che avete invitato ad un appuntamento. Ma che regola è? In poche parole, il tuo linguaggio del corpo rappresenta circa il 55% della tua comunicazione, seguito dal tono della tua voce che rappresenta circa il 33%. Solo il 7% è effettivamente rappresentato dalle parole che usi (Mehrabian & Blum, 1997).

Abbiamo già visto quanto sia importante il linguaggio del corpo per il tuo fascino e la tua personalità, ma anche il tono di voce non è da sottovalutare. Il modo in cui dici qualcosa, indipendentemente da quali siano le parole, è davvero, davvero importante, specialmente nella sfera delle relazioni intime. Puoi trasmettere efficacemente il tuo messaggio se acquisisci esperienza nei diversi toni che usi per trasmetterlo. Un tono assertivo può effettivamente suonare più forte e pressante, il che può solo danneggiare le cose. Usa invece un tono più accomodante che la faccia sentire a suo agio con te e mostri quanto sei attento e accogliente riguardo ai suoi pensieri e alle sue idee.

Tieni anche traccia del tono usato da te e da lei. L'esperienza suggerisce che le donne parlino con una voce più acuta e meno monotona negli appuntamenti veloci con uomini che scelgono come potenziali compagni. Tuttavia, se percepiscono che un uomo è molto richiesto, il tono acuto passa immediatamente a toni molto più profondi. Il compromesso implicito in questa dicotomia suggerisce che le donne possono alzare il tono della voce per segnalare la giovinezza e la femminilità, ma abbassare il tono in contesti in cui desiderano soprattutto indicare l'interesse sessuale a un ascoltatore.

Allo stesso modo, gli uomini con voci basse tendono ad avere un maggiore successo in una vasta gamma di contesti sociali, dall'accoppiamento a quello socio-economico e persino politico.

Continua ad Ascoltare

Non far sembrare che non stavi prestando attenzione. Escluderti e sembrare disinteressato solo perché sta parlando di qualcosa che non ti coinvolge, può essere mostrato chiaramente dal tuo linguaggio del corpo e dal tono della tua voce. Se deve chiederti se la stai ascoltando o meno, significa che hai sbagliato qualcosa. Peggio ancora, risponderle che la stai ascoltando, può far precipitare le cose verso il disastro. Richiedere alcune informazioni e approfondimenti e persino porre alcune domande su alcuni punti della conversazione, le farà sapere che sei davvero tutt'orecchi. Anche condividere qualcosa di simile in termini di come è successo ma in modo diverso, pur mantenendo lo stesso contesto, può creare una grande comprensione tra voi due. Ad esempio, le sue opinioni ed esperienze su qualcosa al di fuori della cultura popolare potrebbero effettivamente attivare un campanello nella tua conoscenza della mitologia romana o della storia antica. Se riesci a stabilire una connessione e a farglielo sapere, sarà destinata ad avere un momento di frenesia e noterai dalla sua eccitazione quanto sia felice che tu lo abbia capito.

Il Tocco

Ormai hai capito quanto sia propositivo con il suo linguaggio del corpo, quindi, logicamente, la fase successiva una volta che sarai abbastanza vicino a lei è il tocco. Capirai, in base a quanto le sue mani o i suoi piedi sono vicini a te, che non le dispiacerebbe se toccassi vagamente le sue dita o le sue braccia. Anche il tuo ginocchio che sfiora la sua coscia è di certo il benvenuto.

Il tocco è un modo essenziale per comunicare e influenzarla senza usare le parole. Se fatto nel modo giusto, un tocco abile e attentamente ponderato può far sentire qualcuno più attratto da te. Può anche aumentare l'intimità fisica, il che rende più probabili i baci appassionati e l'attività sessuale. Un chiaro indicatore è rappresentato da una sua mossa, che apre ad ogni sorta di possibilità. Indipendentemente da ciò, toccala delicatamente senza rendere la cosa troppo ovvia. Fai sembrare che sia la cosa più naturale per te e qualcosa che tendi a fare quando sei completamente a tuo agio, in modo spontaneo.

Creare l'Intimità

Per creare passione e *chimica*, è importante aumentare l'intimità del tatto nel tempo e nel modo giusto. La prima fase è il contatto sociale, cioè inizia con le sole mani o le spalle, con tocchi delicati e brevi per attirare la sua attenzione o per maneggiare accessori interessanti che potrebbe indossare. Mantieni il tocco leggero, giocoso e divertente. Passa lentamente a un contatto amichevole una volta che si sentirà più a suo agio nei tuoi confronti. Tenerle la mano per un secondo o due sarà un piacere, così come abbracciarla o toccarle le spalle. E una volta che sarete seduti l'uno accanto all'altro, toccare le sue gambe è il prossimo passo logico verso l'introduzione del tocco intimo.

Dopo esserti messo a tuo agio, cerca di coccolarla e tenerla più vicino a te per aumentare la passione. Metti lentamente un braccio intorno a lei e scosta i suoi capelli dal viso con affetto. Stringila nel tuo abbraccio sempre più e per periodi di tempo più lunghi. Poi, quando il momento sarà quello giusto, porta le tue labbra vicino alle sue. E baciala.

Il Tocco Sessuale

L'energia sessuale non è uguale all'energia sensuale, diciamolo chiaramente. Sebbene quanto fatto fino ad ora abbia sviluppato il tipo di intimità che ritieni dovrebbe essere sufficiente, essa può variare da persona a persona e in base a come ci si sente in un determinato momento. Pertanto, è importante capire quanto l'hai soddisfatta sensualmente attraverso l'ambiente intimo.

L'energia sensuale utilizza tutti i sensi del corpo umano per creare un'esperienza condivisa di piacere che ci calma sia fisicamente che mentalmente. Cambia molto rispetto al sesso, in quanto potrebbe essere una necessità del momento in cui l'attività sessuale potrebbe dover ancora aspettare. Attività come coccolarsi, sentirsi vicendevolmente, accarezzarsi e, naturalmente, baciarsi creano un'esperienza completamente sensuale che possiamo vedere, ascoltare, annusare e toccare e ci permette di vivere un ottimo aspetto dell'esperienza.

D'altra parte, l'energia sessuale non è solo più intima, ma anche più intensa. Ha un unico obiettivo di realizzazione che ci impone di spostarci da un punto all'altro. Una volta raggiunto l'obiettivo finale, ovvero il sesso, quel momento sembra più affrettato e insoddisfacente di quanto non fosse prima. Poiché passiamo al sesso molto più velocemente del necessario, mettiamo in secondo piano il nostro appagamento sensuale e perdiamo il collegamento sensuale con i nostri partner ad un livello più emotivo.

Passare da un tocco intimo e amorevole ad uno più eccitante sessualmente richiede un po' più di tempo e privacy, per non parlare di una connessione emotiva e sensuale. Tuttavia, se l'hai toccata più delicatamente e con maggiore considerazione e l'hai fatta eccitare lentamente fino al punto in cui si sente profondamente connessa a te sensualmente, puoi progredire verso il sesso con estrema facilità.

Segui semplicemente i passaggi precedenti, quindi aumenta la passione dei tuoi baci. Usa la lingua. Bacia e accarezza le parti più sensibili, inclusi il collo e il seno. Muovi le mani sulla parte bassa della schiena, sul retro, sulle cosce, ecc. Quindi passa ai preliminari e al sesso.

Altri Tipi di Tocco

Anche in una situazione che non richiede troppa intimità, il tatto è simile a una scienza espansiva che richiede padronanza e pratica per migliorare tutti i tipi di relazioni. Che sia in un contesto professionale, che richiede di essere più interattivo e proattivo con i tuoi colleghi più stretti, o con i tuoi amici e parenti stretti in un contesto sociale, il potere del tatto non dovrebbe mai essere sottovalutato. Diventa uno sbocco naturale per te trasudare calore, cura, amore e affetto, oltre a sincerità, umiltà e fiducia.

Secondo Richard Heslin, il tatto può essere classificato in cinque categorie distinte che servono a creare legami duraturi (Nicholson, 2012). Il primo è il tocco funzionale o professionale, che può essere una stretta di mano o anche una pacca sulla schiena. Questi gesti vengono utilizzati principalmente con i colleghi di lavoro più stretti, inclusi i manager e membri del team, nonché coloro che sono tuoi sottoposti. Il successivo è il tocco sociale o educato, che comporta pacche attente sul braccio o sulla spalla e può essere fatto con conoscenti occasionali. Facendo un passo avanti rispetto al tuo ambiente sociale, i tuoi amici intimi e le persone a cui tieni di più vengono dopo e meritano molto più affetto. Questo ci porta al tocco di amicizia o calore e, come si dice, ti consente di irradiare più cordialità e calore abbracciandoti e stringendoti per mano.

Le ultime due categorie del tatto, quelle più intime, sono naturalmente riservate alla persona più importante della tua vita. Che si tratti di mostrare amore e intimità con la donna dei tuoi sogni, o qualcosa di molto più sessuale ed eccitante, la progressione del tocco può passare da baci, coccole e carezze ad esplorazioni intime come i preliminari e il sesso, accarezzando e usando la lingua intorno alle sue zone erogene. E, naturalmente, il sesso stesso.

In ogni caso, il tocco aggiunge una parte importante alle tue esperienze relazionali tanto quanto la comunicazione verbale e non verbale, se non di più. Quando una relazione romantica inizia a progredire, anche il livello e l'intensità del tocco tendono ad assumere una maggiore importanza. Tieni presente che la tua attuale relazione sentimentale potrebbe essere naturalmente iniziata da un contesto sociale e persino sfociare in un sentimento di amicizia e affetto prima di diventare una relazione intima. Insieme a questa progressione, è di fondamentale importanza il tocco delle parti del corpo che non sono necessariamente sessuali e intime, come le mani, le braccia, le spalle e persino la parte superiore della schiena. Se segui questa progressione con il tuo partner designato, lei può acquisire una comprensione di come ti senti e del calore che emani, il che crea ancora più attrazione nei tuoi confronti. In definitiva, ti consente di passare alle zone del corpo più intime, come la parte bassa della schiena, il collo, il viso, il seno, le cosce e, infine, arrivare sotto la biancheria intima.

Capitolo 6

Ottieni il tuo Obiettivo

Le cose si stanno surriscaldando e, se hai giocato bene le tue carte, è ora che i vestiti vengano tolti. Ma anche nella foga del momento, un maschio alfa deve comunque mantenere il rispetto per le necessità di una donna ed essere sensibile ai suoi segnali. Potrebbero esserci diversi motivi per cui potrebbe non voler fare sesso al momento, a parte gli ovvi motivi e, sebbene non sia il risultato che desideri, è un qualcosa per cui dovresti essere pronto. Ottenere il piacere fisico non dovrebbe mai essere un obbligo per i bei momenti che le hai mostrato. Se hai gestito correttamente le tue aspettative, dovresti ricordare che non ti è dovuto alcun sesso per essere stato in grado di creare una serata divertente per lei ed essere il gentiluomo che sei. In effetti, è il segno distintivo di un vero gentiluomo, quello di essere pronto per il rifiuto.

Tuttavia, rimaniamo positivi per ora e speriamo per il meglio. Nella migliore delle ipotesi, potresti passare una notte di passione ed estasi. Quindi manteniamo quell'obiettivo come primario fino a quando non si verifica lo scenario peggiore.

Invito per il Sesso

Per prima cosa: il suo rifiuto sessuale di solito non riguarda te. Potrebbe essere il suo umore, la sua autostima di fronte a te, non essere nella fase perfetta dell'eccitazione, o un pensiero che le sta occupando la mente. In ogni caso, non deve essere colpa tua e sicuramente non è qualcosa che dovresti cercare di cambiare. Se non è dell'umore giusto, la cosa migliore da fare è rispettare i suoi desideri. Sapendo che potrebbe avere ogni sorta di cose per la testa, afferma semplicemente che capisci e non insistere al fine di voler ottenere una risposta. Cerca di stemperare, scherzando, ma non rendere evidente il fatto che sei ferito. Ricorda: il tuo carattere alfa non concepisce le lamentele. Sarebbe solo l'inizio per diventare uno stronzo, e hai lavorato troppo duramente per questo.

Una nota positiva: il fatto che tu capisca mostra il livello di maturità che possiedi e risulterai un vincitore ai suoi occhi. Forse ti sta mettendo alla prova o forse no, ma essendo un maschio alfa, il tuo comportamento fa ancora una volta breccia nei suoi occhi. E forse non sarà per questa volta, ma la prossima sarà diverso.

Il "Dai, Vieni"

È ora di giocare il tuo asso nella manica. Una volta che abbia palesato il desiderio di non volersi trattenere, dovrai agire subito. L'approccio migliore è sempre quello più personalizzato per le sue caratteristiche. Il modo in cui la tocchi sensualmente nella parte che trovi più attraente - non sessualmente al momento - e il modo in cui risponde al tuo tocco mostra che le piace quando scegli quel punto unico e solitario solo per voi due. Condividere un divano e far rotolare i polpastrelli in senso orario o antiorario attorno al suo ginocchio può inviarle ondate e ondate di piacere, facendole abbandonare le sue difese e desiderandoti ancora di più. Tutto questo accade perché stai mandando segnali diretti rispetto a quanto la vuoi.

Un altro aspetto importante è rendere chiare le tue intenzioni, e con questo intendiamo più trasparenti del cristallo. Indipendentemente da quello che vuoi fare, sia che tu voglia toccare il suo corpo tutta la notte per il puro piacere di farlo o che tu voglia avere un rapporto, diglielo senza giri di parole e nessun gioco di parole. Può anche essere qualcosa di poco affascinante, come una sveltina in bagno, ma è sempre meglio comunicarlo in ogni caso. Puoi persino inventare uno scenario esotico che coinvolge un tipo specifico di incontro sessuale, che le schiarisce la mente su ciò che ti aspetti. Sussurra cosa vuoi fare con lei con una voce lenta e intrigante. Rivelale il tuo desiderio mentre continui a toccarla e semplicemente menziona le cose che vorresti provare, qualcosa come un massaggio da nudi, ecc. Crea un'immagine vivida in modo che ti possa capire e dalla quale trarre ispirazione. Scenario migliore: funziona e ottieni esattamente ciò che desideri.

Se la tua potenziale compagna è qualcuna che stai *vedendo* da un po' ma non ci hai ancora fatto sesso, non dare per scontato che le piacerebbe fare sesso con te. Certo, esci da un po' con lei e ti sei persino avvicinato abbastanza da baciarla, ma questo non significa molto, soprattutto se non lo ha esplicitato fino ad ora. Sii calmo e fai una breve chiacchierata chiedendole se sia interessata o meno. Puoi farle sapere quali sono le tue intenzioni e che la trovi attraente. Se evita di parlarne, potresti persino chiederle se ci sono problemi legati al suo credo o altro. Siete entrambi adulti maturi e non dovreste trovare questa discussione troppo difficile da affrontare, ma nel caso fosse così, sii rispettoso ed empatico. Falle sapere che va bene parlarne, o se ha altre avversioni riguardo al sesso. La chiave è farla sentire a suo agio.

Prima dei Preliminari

Non limitarti all'appuntamento e ai preliminari stessi. Falle sapere fin da subito che non vedi l'ora di vederla *tutta*. Inizia a lavorarci dall'inizio della giornata inviandole messaggi di testo dicendole quanto la vuoi. Il *sexting* può essere disapprovato e può anche sembrare grossolano in apparenza, ma non c'è motivo per cui non dovrebbe essere un esercizio divertente che aumenta la tua interazione e costruisce il suo entusiasmo per quando arriverà il momento. Prova con qualcosa di accattivante all'inizio e guarda come risponde. Una volta che vedi le sue risposte e che corrispondono alle tue - capaci persino di suscitare scalpore - continua la conversazione per tutto il giorno. Parlale di alcuni degli scenari in cui vorresti pensare di coinvolgerla e rendili il più allettanti ed eccitanti possibile. I doppi sensi possono essere usati anche in questo caso, anche se più deliberatamente che mai. Ancora una volta, sii pronto ad essere risoluto e chiudi la questione in fretta se non trova tutto questo troppo lusinghiero, non pressarla troppo e non preoccuparti di nulla.

Incontri Occasionali

Se si tratta di un incontro occasionale, però, sai esattamente cosa aspetta entrambi fin dall'inizio. Tuttavia, questo non è un motivo per cui non dovrebbe essere divertente. Inizia con delle chiacchiere sincere per conoscervi un po'. Questo rende le cose molto meno complicate e crea il giusto conforto prima di andare a letto. Le chiacchiere possono chiarire quanto sei entusiasta del legame e sarai sicuro al 100% di voler davvero fare sesso con lei.

Fai attenzione alle partner occasionali che sono già impegnate in una relazione. Non fa mai male scoprire grazie alle chiacchiere se sono già impegnate, anche se potrebbero non ammetterlo subito. Chiedi come mai sono ancora single e le risposte potrebbero venire fuori. È utile sapere se sono coinvolte in qualche tipo di relazione, specialmente per uno che richiede la monogamia. Mentre le relazioni aperte di solito sono prive di problemi, sono quelle persone eccessivamente discrete di cui dovresti diffidare (Litner, 2020).

Consenso

Mentre un maschio alfa è assertivo e può sembrare un tipo di soggetto che dice "non accetto il no come risposta", essere rispettosi dei loro limiti è essenziale per loro. Soprattutto in materia di sesso, apprezzano molto il consenso sessuale per un'ampia varietà di motivi. Il più ovvio è che dare il consenso significa concedere un accordo libero, completo e attivo per impegnarsi in attività sessuali. Il consenso dovrebbe essere sempre chiaro, consapevole e volontario, poiché è essenziale per portare le cose alla fase successiva.

Non dare mai per scontato che il consenso sia per sempre. Potrebbe essere stato dato una volta e per un momento, ma ciò non significa che si estenda a tutte le altre volte. Se ha acconsentito ad un incontro sessuale, non darlo per scontato. Potrebbe cambiare idea in qualsiasi momento, anche mentre fai sesso. Potresti pensare che stia scherzando, ma il suo linguaggio del corpo e le proteste saranno più che chiare. Il consenso non si applica solo ai diversi momenti in cui puoi svolgere attività sessuale, ma anche ai diversi atti sessuali. Potrebbe persino negare il suo consenso quando le togli i vestiti di dosso, o potrebbe essere più che felice di farti muovere su di lei, ma non ricambiare il favore quando vorresti che lo faccia. Pertanto, la responsabilità di un maschio alfa è di rinnovare e riconfermare il suo consenso ripetutamente e continuamente e in diversi momenti e fasi degli incontri sessuali (*Mancanza di rispetto per nessuno | Consenso | Riconoscimento del consenso*, n.d.).

Cerca i Segnali

Anche se potrebbe non dire di no apertamente, potrebbe essere quello che pensa o sente e può esprimerlo in modi diversi. Se la sua faccia si contorce o mostra disagio, o il suo corpo si irrigidisce, o cerca di impedirti di andare oltre, o ti allontana persino se tenti di abbracciarla, e soprattutto se sembra che stia soffrendo, questi sono chiari indicatori che è diventata una partecipante riluttante. Il linguaggio del corpo e gli indicatori non verbali sono molto più evidenti di quelli verbali, soprattutto perché potrebbe non volerti rifiutare o rischiare di sconvolgerti (Weiss, 2019).

Ma finirà per pagare uno scotto psicologico oltre che fisico se si andrà oltre. Il suo mancato consenso potrebbe essere dovuto a diversi motivi di cui non sei nemmeno a conoscenza o che non è stata in grado di comunicarti. Potrebbe essere dovuto alla paura per la sua sicurezza fisica ora che è nelle tue mani o allo stigma sociale associato alla sua famiglia o alla società riguardo al fare sesso, specialmente fuori dal matrimonio. Potrebbe essere dovuto alla vergogna che sente di non essere così brava a letto come ti aspetti che sia, o addirittura di sentire una mancanza di desiderio sessuale. A volte, in primo luogo può essere incerta sull'avere rapporti sessuali, il che può essere dovuto o meno a te. Tuttavia, potrebbe non essersi completamente immersa nell'idea e sta cercando di capire il modo migliore per dire di no. E, soprattutto, potrebbe rivivere un trauma passato che è stato innescato dagli atti sessuali.

Sii Empatico

Anche se potrebbe non essere pronta a rifiutarti verbalmente, è tua responsabilità assicurarti che non si senta spinta a fare qualcosa che non vuole fare. Ciò implicherebbe il mancato consenso e questo può portarti in un territorio estremamente oscuro, sia emotivamente che legalmente. Mettiti nei suoi panni e sii empatico riguardo ai suoi desideri, o alla mancanza di desiderio, e cerca di capire cosa vuole o non vuole fare. Una domanda diretta, la cui risposta è un sì o un no è l'approccio migliore ed è molto meglio che aspettare un suo segnale. Tuttavia, fai attenzione ai segnali. In caso di dubbio, non aver paura di fermarti e chiederglielo apertamente, poiché è il modo più semplice per scoprire se è d'accordo o meno. "Va bene così?" "Lo vuoi?" "Preferiresti fare qualcos'altro?" "Possiamo fermarci se vuoi." Mentre una risposta diretta dovrebbe risolvere facilmente le cose, considera che voglia dirti di no se non fornisce una risposta o un'indicazione chiara. Potrebbe elaborare le cose e capire come potresti reagire se si nega a te, quindi è meglio essere una persona migliore e accettare un no.

Essere empatici con i suoi bisogni è ciò che ti distingue in quanto maschio alfa, come abbiamo visto in tutti i capitoli precedenti. Avere una chiara comprensione l'uno dell'altra le farà sapere che sei disposto a prendere sempre in considerazione il suo consenso ed essere un adulto responsabile e maturo al riguardo. È un segno distintivo della tua maturità come maschio alfa che tu capisca che non voler fare sesso è una tendenza naturale non solo nelle donne, ma anche negli uomini. Inoltre, non ti è dovuto del sesso solo perché è la fase successiva della tua relazione. Se uno di voi non lo vuole, allora finisce qui la discussione. E non vuoi essere il tipo di persona che nutre negatività per essere stato rifiutato e la manifesta dentro di sè. Questo può portare a pressioni eccessive che alla fine conducono ad aggressioni, e questo è qualcosa che hai il potere di prevenire. Spingere qualcuno a fare qualcosa che non vuole fare equivale ad aggredire quella persona, e non vuoi che questa cosa abbia dei risvolti né sulla tua coscienza, né sulla tua fedina penale. Non dimenticare: la legge è legge.

Accettazione del Mancato Consenso

Potresti pensare che accettare il suo non consenso o rifiuto sia sufficiente e che sarai in grado di andare avanti e lasciarti tutto alle spalle. La realtà è che non è così facile essere accondiscendenti in tali situazioni. L'essere arrivato allo stadio della passione e del desiderio attraverso tutto lo sforzo e il fascino che hai esercitato e poi non essere riuscito a realizzare fino in fondo il tuo piano, può effettivamente lasciarti deluso, depresso, triste, ma soprattutto frustrato. Tuttavia, in quanto maschio alfa, hai la responsabilità di accettare il non consenso senza se e senza ma, e considera questa la cosa giusta da fare sia moralmente che sessualmente senza alcuna riluttanza o cattiva volontà.

Senza se e senza ma, è implicito che tu non debba fare nient'altro, nemmeno provare a riprendere un approccio sessuale con lei, almeno per il momento. Potresti avere dei pensieri negativi, che ti porteranno a tentare di salvare la nottata in un modo o nell'altro.

Questo potrebbe voler dire fare pressione su di lei per farle cambiare idea o persino mostrare la tua frustrazione scagliandoti con rabbia contro di lei. Tormentarla o intimidirla, o anche minacciarla fisicamente o emotivamente significa chiaramente che stai uscendo dal seminato e non c'è modo di tornare indietro. Significa che non hai assolutamente riguardo per lei come persona e individuo e sei interessato solo a gratificare le tue passioni carnali.

Anche se sembra che tu stia accettando il suo non consenso, ci possono essere molti altri piccoli indicatori che potrebbero farla sentire come se non fossi completamente felice, farla sentire stupida o cattiva, o dirle che te lo deve. Anche il ricatto emotivo può entrare in gioco, in quanto potresti farla sentire in colpa perché non si cura di te abbastanza da fare uno sforzo, il che la farebbe naturalmente sentire in conflitto con la sua autostima. La negatività può anche farti provare mosse disperate come intossicarla con droghe o alcol per renderla più disponibile, o persino volerle far dimostrare il suo valore come donna.

Questo non è da te. Questo non è il maschio alfa che sei. Sei molto, molto meglio di così, quindi fai un respiro profondo ed elimina tutta quella negatività. Mostrale la persona gentile, amorevole e premurosa che sei e rispetta i suoi desideri indipendentemente da come ti senti. Essere invadenti, impazienti e disperati non sono i tratti ideali di un maschio alfa.

Dare Piacere Sessuale ad una Donna

Nella migliore delle ipotesi, la tua partner è pronta e disposta a concedere completamente il suo corpo, e tu sei più che pronto a diventare un tutt'uno con lei mentre ti impegni nell'allegra danza del rapporto sessuale. Tuttavia, come per tutte le cose che hai imparato durante il tuo viaggio come maschio alfa, avere la migliore esperienza sessuale non è qualcosa che necessariamente avevi programmato di fare. Certo, hai una conoscenza biologica di come affrontare questo tipo di rapporto, ma ci sono tonnellate di tecniche e metodi per rendere l'esperienza del tutto piacevole non solo per te, ma soprattutto per lei. Sei pur sempre un maschio alfa, che tu sia sotto le lenzuola o no, e non devi mai dimenticare che l'obiettivo è farle passare il miglior momento possibile, anche dopo che le luci si spengono. Questo non ha mai fine e conta ancora di più quando si tratta di farla godere e farle toccare il cielo con un dito (Marin, 2019).

Educa Te Stesso

Sì, il sesso è una importante branca dell'educazione se inizi a leggere e fare ricerche a riguardo. Non è biologicamente innato o senza sforzo, e proprio come qualsiasi altra disciplina, richiede tempo e apprendimento per capire come funziona, cosa funziona meglio e cosa no. L'educazione sessuale ha un'ampia varietà di argomenti su cui documentarsi ed una pletora di libri e materiali vari per iniziare: salute sessuale personale, diverse tecniche sessuali sia nella tua che in altre culture e paesi, comunicazione aperta con le partner, diverse posizioni sessuali e i loro benefici fisici ed emotivi e persino la prevenzione di gravidanze indesiderate o infezioni a trasmissione sessuale (IST). La parte migliore è che apprendere tutto ciò non deve essere banale o troppo tecnico, poiché la maggior parte della letteratura disponibile è presentata come divertente, elettrizzante e, naturalmente, educativa.

Tieni Conto dei suoi Bisogni

Nonostante tu voglia istruirti sulle diverse tecniche e sfumature coinvolte nelle attività sessuali, è anche importante comprendere completamente il tuo partner per avere un'esperienza reciprocamente soddisfacente. È questa la chiave in questo caso: la reciprocità. Sarebbe decisamente da egoista mettere i tuoi bisogni in primo piano e ignorare completamente ciò che piacerebbe anche a lei. Comprendi completamente il tuo partner, mente, corpo e anima. Ricorda che ciò che funziona per una donna non funzionerà necessariamente per tutte le donne. Te ne sei accorto mentre l'hai conosciuta come persona, quindi è importante che tu ti renda conto che anche i suoi bisogni sessuali saranno diversi da quelli delle altre donne. Il suo corpo può reagire in modo diverso rispetto a come la tocchi, in confronto a come eri abituato a toccare una partner precedente.

Certo, hai una grande esperienza, grazie a tutte le tue partner passate e le esperienze sessuali che hai avuto con loro, ma questo dovrebbe fornirti una comprensione più matura su cosa fare o non fare in diverse situazioni. Non dare mai per scontato che la tua attuale partner reagirà allo stesso modo delle precedenti. Se alla partner precedente piaceva saltarti addosso e a questa no, non fare mai un confronto diretto tra di loro. Se alla precedente piacevano le sculacciate giocose, non è detto che tu possa prenderti la stessa libertà con quella attuale. Finirai per infastidirla e basta, se non è qualcosa che si aspettava o a cui era abituata. Peggio ancora, potresti finire per farle del male se ha la pelle sensibile.

Non smettere mai di comunicare, nemmeno durante il sesso. Parla con lei e chiedile se le piacerebbe o meno se tu facessi qualcosa in particolare. Il fatto che ti trovi in un ambiente intimo non significa che tu debba smettere di parlare. Ascolta quello che dice e non dice tenendo traccia del suo linguaggio del corpo e dei segnali non verbali. Guardala respirare e ascolta i suoi gemiti e se sembra soffrire a causa dei tuoi colpi o del tuo ritmo. Chiedile amorevolmente se sia il caso di andare più piano o di fare una pausa, o se c'è qualche altra posizione che preferirebbe provare.

Sii sensibile al suo comfort e al suo disagio e preoccupati del suo feedback. Un buon momento per farlo sarebbe prima di iniziare, in modo da sapere cosa le piacerà di più. Anche dopo aver completato l'incontro, un po' di conversazione sul cuscino ti aiuterà a gestire gli eventi futuri. Dille cosa ti è piaciuto e scopri anche in cosa ha trovato piacere lei, e scopri anche cosa potete provare che faccia piacere a entrambi, la prossima volta.

Gestire le Aspettative

Ricorda che la biologia è un fattore importante quando si tratta di fare sesso e differisce non solo per i generi ma anche per le persone. Le limitazioni mediche, emotive e fisiche rendono l'esperienza diversa da persona a persona e quindi non puoi aspettarti che tutte le donne agiscano allo stesso modo. Alcune potrebbero essere eccessivamente attive sessualmente, mentre altre potrebbero aprirsi solo al proprio ritmo. C'è molta pressione, in particolare sulle donne. La sessualità maschile è considerata l'epitome della pulsione e del desiderio sessuale, mentre alla sessualità femminile non viene accordato lo stesso rispetto. Le donne spesso si vergognano di non essere dell'umore giusto o di impiegare troppo tempo per eccitarsi e affrontano molte difficoltà da parte della società e dagli uomini. Essendo un maschio alfa, devi essere consapevole delle differenze tra te e la tua partner che non si limitano solo al fattore biologico.

Al contrario, non lasciarti distrarre dall'obiettivo di farla sentire bene con sé stessa. Questo potrebbe creare più pressione quando si tratta di convincerla a superare le sue paure e persuaderla a godersi il sesso. Un classico esempio è quando riesci a portarla fino all'orgasmo: potresti pensare di farle un favore realizzando il suo potenziale sessuale, ma in realtà stai aggiungendo tonnellate di pressione su di lei che in questo modo si espone. Non è un elenco ti aspetti che lei controlli. L'orgasmo è un'esperienza piacevole il cui unico obiettivo è farla sentire incredibile. Ma se il tuo obiettivo è far sì che il suo orgasmo nutra il tuo ego sapendo che puoi farla venire, non va bene.

Cerca di capire che le persone si approcciano in modo diverso riguardo al sesso rispetto a te e sperimentano il piacere in modo differente. Per farle sentire dell'umore giusto, far emergere l'eccitazione sessuale e sapere cosa le piacerà e cosa non le piacerà devi essere attento, premuroso ed empatico. E, naturalmente, pronto a comunicare.

Comunicare su Tutto

Essere in grado di parlare prontamente dei tuoi desideri così come dei suoi è un pilastro fondamentale per ottenere il miglior sesso. Uno di voi due può essere nervoso o timido nel parlare di sesso, soprattutto perché si sente insicuro o pensa che potrebbe essere disgustoso parlarne. Ma il segno distintivo di una profonda relazione è essere pronti e disposti a parlare di qualcosa come il sesso, indipendentemente da come ti senti. Certo, all'inizio può sembrare difficile, ma col tempo entrambi vi sentirete sollevati per averlo fatto.

Problemi di Fiducia in Sé Stessi

Il giusto tipo di comunicazione aiuta ad abbattere le barriere e le difese che mettiamo in piedi per proteggerci dal portare le cose allo scoperto. Ad esempio, potrebbe essere preoccupata per l'aspetto del suo corpo e per quello che potresti pensare di lei. Non ha torto, però: gli standard folli con i quali i media bombardano le donne, attraverso l'uso di immagini photoshoppate e corpi in bikini perfetti la lasceranno incredibilmente consapevoli di non essere in grado *di essere all'altezza*. E anche se non puoi cambiare il modo in cui le donne vedono loro stesse, puoi comunque farle sentire più a loro agio quando il momento lo richiede. Invece di cercare di farla sentire bene per ciò che non è, complimentati con le parti del suo corpo che trovi attraenti e presta loro particolare attenzione. Usa le dita, i palmi e le labbra delicatamente su quelle aree e dille quanto sei eccitato da loro.

Evita la Vergogna e la Mancanza di Rispetto Verbale

Solo perché potrebbe sentirsi a disagio nel parlare di ciò che la turba non ti dà il diritto di mancarle di rispetto verbalmente. Far provare vergogna ad una persona solo perché è fatta in un certo modo ed è troppo rigida per discutere di alcune cose e, naturalmente, acconsente al sesso è uno sfogo emotivo previsto, ma ha conseguenze disastrose per le persone che sono già troppo vulnerabili a riguardo. Degradarle con insulti, trattarle come delle prostitute, renderle delle donne-oggetto solo per via dei loro difetti fisici o non considerare affatto i loro limiti è una forma di comunicazione negativa e serve solo a sminuirla ancora di più e a renderti meno empatico in generale. Giudicare servirà solo a renderti peggiore di un maschio alfa e metterà in discussione le tue qualità come persona.

In breve, sii pronto a comunicare con la tua partner in una luce positiva riguardo a qualsiasi cosa possa esserci nella tua mente. Che si tratti di eventuali preoccupazioni che potresti avere sulla tua posizione nella relazione, o su come la percepisci nel momento in cui procedi, non trattenerti mai riguardo a ciò che senti. Percepire il disagio del tuo partner e non dire nulla la farà sentire come se i suoi bisogni non avessero la precedenza su di te, il che non potrebbe essere più lontano dalla verità. D'altra parte, fai attenzione a come affronti gli argomenti che lei potrebbe trovare sensibili. Sii comprensivo nei confronti dei suoi sentimenti e preparati ad ascoltare tutto ciò che ha da dire. Un ingrediente chiave dell'empatia è non intromettersi ogni volta che sta cercando di esprimere i suoi pensieri. Potresti anche non sapere quanto ci vuole per aprirsi con te. Allo stesso modo, non scatenare mai la tua rabbia o il tuo risentimento se ti senti offeso da ciò che ti dice. Se c'è una cosa in particolare che non le piace a letto ma a te piace, non prenderla sul personale. Non si tratta di te, ma di come si sente quando è con te. E come maschio alfa, non puoi mai lasciare che il suo valore venga sminuito. Mai.

Capitolo 7

Sviluppare e Mantenere la tua Capacità di Alfa

Rimanere al top della tua posizione di maschio alfa richiede un lavoro costante per assicurarti di raggiungere un senso di crescita personale ogni giorno che passa. Migliorare te stesso ogni giorno con piccoli cambiamenti, calcolati ed efficaci, può dare i suoi frutti e continuare a migliorare te stesso come un vero maschio alfa nel tempo. Questo può avvenire solo seguendo alcune piccole abitudini quotidiane di cui essere orgoglioso e che possono aggiungere valore a te come persona, oltre che come maschio alfa.

Tieni presente che in quanto maschio alfa, non sarai mai una persona incompiuta. Continui a migliorare costantemente e cerchi all'interno della tua vita dove poter razionalizzare efficacemente o addirittura eliminare qualche problema, se questo significa renderti una persona migliore di prima. Le tue scelte e azioni quotidiane hanno un effetto importante sulla tua vita e ti porteranno a raggiungere l'obiettivo finale, oppure il tuo corso prenderà una direzione diversa da ciò che desideri. Pertanto, continua a sviluppare e migliorare te stesso e fissa in modo chiaro i tuoi obiettivi. Cerca delle motivazioni e raggiungi questi obiettivi per trasformarti in un te stesso migliore durante il percorso.

Auto-Miglioramento Continuo

Lavorare su te stesso si riduce ad una semplice scelta: vuoi vivere appieno con tutto ciò che la vita ha da offrire o ti accontenti di essere un ingranaggio della macchina? Ti suona familiare? Certo che sì, è il modo di pensare di un beta. Ora, probabilmente ti starai chiedendo perché pensi come un beta dato che hai raggiunto lo stato di maschio alfa, fino a quando non ti renderai conto che mantenere il tuo stato di alfa richiederà molto più sforzo che ottenerlo. Un beta sarà sempre qualcuno con una mentalità fissa che rimane felice di ciò che ha, quindi non mirerà a qualcosa di più grande o più nobile, per migliorare la sua condizione. Per un beta, le persone sono come sono, appena fuori dagli schemi e potrebbe non valere la pena cambiarle o avere difficoltà a raggiungere nuove abilità, il che significa che mireranno solo a ciò che si trova nella loro zona di comfort (*23 esercizi di miglioramento personale per trasformare La tua vita*, 2018).

È questo il tipo di persona che sei? Certo che no, tutt'altro. Questo è il punto centrale di tutte queste pagine. Avere una mentalità che dà la priorità alla crescita personale e al miglioramento significa che continuerai ad imparare e ricevere un'istruzione da qualsiasi luogo, ovunque. Questo ti aiuterà a migliorare e sviluppare la tua intelligenza e le tue capacità fintanto che ti sforzerai per ottenere quanto richiesto, oltre a rimanere paziente e cercare di essere costante. In quanto alfa, dovrai sviluppare e scolpire costantemente la tua identità e personalità non solo come priorità, ma come regola per il resto della tua vita. Questo è l'unico modo in cui sarai in grado di realizzare i tuoi obiettivi e raggiungere il successo nella vita, il che è possibile solo attraverso una rigorosa autodisciplina.

Migliorare te stesso mentalmente

Come per gli sforzi che hai fatto per raggiungere il tuo stato attuale, rimanere un maschio alfa significa stare al passo con i tempi ed evolversi costantemente per rimanere moderno e di un certo rilievo. Ciò richiede un'educazione continua riguardo alle ultime tendenze, sulle cose che le persone trovano interessanti e persino sull'utilizzo di idee del passato per realizzare una sorta di rivoluzione. C'è un'abbondanza di letteratura disponibile su tutti i tipi di modi e abitudini per ogni situazione, quindi leggere più libri è un'esperienza educativa piuttosto chiara. Dedicare anche 20-30 minuti della giornata alla lettura di un libro su un determinato argomento non sarà solo in grado di arricchirti, ma sarà anche un'esperienza che ti aprirà gli occhi. Che si tratti di copertine rigide o tascabili, blog o articoli, la parola scritta fornisce tonnellate di intuizioni che contribuiscono efficacemente alla tua personalità e intelligenza.

La meditazione regolare aiuta anche a rilassare la mente e a liberare i pensieri. Avere un po' di tempo per te stesso per pensare alla tua vita e a dove ti trovi, così come a dove vorresti essere, sarà ancora più rilassante quando ti troverai in un ambiente circondato da calma e pace senza alcun tipo di pressione. Cercare te stesso all'interno di una tranquilla meditazione e contemplazione ti consente di determinare il tuo scopo nella vita e di affrontare le tue paure. Tracciare mentalmente il percorso che devi intraprendere e delimitare le sfide che si frappongono tra te e i tuoi obiettivi ti aiuta ad identificare chiaramente cosa devi ancora fare e stabilire obiettivi realistici da superare con il passare del tempo.

Migliorare te stesso fisicamente

Non stare mai nello stesso posto troppo a lungo. Entrare nella forma fisica ideale potrebbe averti fatto diventare il maschio alfa che volevi essere, ma mantenerti in forma è doppiamente impegnativo. Mantieni la tua routine di esercizi con disciplina e rigore e non abbandonarti mai nella pigrizia o alla procrastinazione. Oltre al regolare esercizio fisico, esercitati fisicamente in altre attività all'aperto come l'escursionismo e l'arrampicata su roccia. Queste attività ti permetteranno anche di apprendere nuove abilità mentre espandi i tuoi orizzonti e aggiungi più versatilità al tuo repertorio.

A proposito di disciplina, non dimenticare la tua dieta e mangia in modo sano. Essere consapevoli di ciò che mangi e di come lo mangi è essenziale, poiché non solo mantieni la tua forma di maschio alfa, ma ti mantieni anche in forma dal punto di vista medico. Mangiare porzioni adeguate ed evitare spuntini casuali o l'eccesso di cibo ti aiuta a gestire la digestione e la circolazione sanguigna, oltre a migliorare la tua esperienza alimentare complessiva. Crea una corretta routine di pasti e pause e cerca di rispettarla. Assicurati di mangiare nel modo giusto per avere l'energia di cui hai bisogno per le tue escursioni fisiche e anche sessuali. Non dimenticare nemmeno l'assunzione di acqua.

Migliorare te stesso emotivamente

Il tuo benessere emotivo è importante tanto quanto il tuo benessere fisico o mentale, se non di più. Anche se può sembrare un po' autoindulgente, prendersi cura del proprio stato emotivo è fondamentale quando si tratta di affrontare le vibrazioni negative che possono circondarci ovunque. Che si tratti di lavoro o dell'attualità, possiamo sentirci lentamente sopraffatti a causa dello stress e dell'esaurimento. Ciò può comportare un eccessivo rilassamento nel preoccuparsi del nostro benessere e la negatività può avere effetti tossici su di noi in generale, fisicamente, mentalmente ed emotivamente.

Pertanto, non dimenticare di mostrare un po' di tenera cura amorevole anche nei confronti di te stesso. Distruggere e dimenticare tutti i mali della vita e tutto ciò che c'è di sbagliato nel mondo ti aiuterà a liberarti dalle pressioni della società ed evitare di essere tirato dentro la morsa feroce dei suoi tentacoli. Un te emotivamente sano è essenziale, se vuoi che il tuo stato mentale e fisico siano al top e tu possa essere in grado di affrontare le sfide che la vita ti pone. Ogni giorno dedica un po' di tempo al tuo programma personale per evidenziare tutte le cose che ti stanno andando bene.

Questo ti aiuterà a sentirti molto meglio con te stesso e ti permetterà di ricordare e apprezzare tutto ciò che hai, invece di preoccuparti di tutto il resto.

Capire il tuo stile di vita

Raggiungere lo status di maschio alfa è importante, ma ricorda che niente dura per sempre. Non dimenticare mai che il tuo tempo sulla Terra è limitato, quindi vivi ogni giorno con quella consapevolezza e sii in pace con essa. Ciò significa fare in modo che ogni giorno sia importante e non sprecarlo in cose irrilevanti. Essere proattivi con la nostra vita e gli elementi che la rendono degna di essere vissuta è molto più importante. Rendere la propria vita confortevole essendo responsabili di noi stessi e delle persone che fanno parte della nostra vita dovrebbe essere una priorità, così come dovrebbe essere lasciato un segno. Poiché ogni giorno potrebbe essere l'ultimo, non esitare mai a realizzare il tuo vero potenziale. Sii qualcuno che cerca di promuovere una tendenza invece di essere solo un seguace di essa. Sii qualcuno a cui gli altri guarderanno e dal quale possano trarre ispirazione, ma non dimenticare mai di essere ispirato a tua volta.

Agire in modo responsabile

È un dovere di ogni maschio alfa vivere con un senso di responsabilità verso sé stesso e le persone che dipendono da lui. Che tu sia single, impegnato in una relazione, che tu sia a caccia o anche sposato con figli, le tue scelte determineranno il tipo di stile di vita che potrai permetterti. Concentrati sull'essenziale e assicurati che le luci in casa rimangano accese e la cucina sia completamente rifornita, per non parlare del fatto che dovresti avere qualcosa da parte per una giornata di pioggia o nel caso in cui dovessi affrontare un evento inaspettato che non sei stato in grado di controllare. In ogni caso, un maschio alfa fa del suo meglio per non essere mai impreparato. Naturalmente, non ci si può preparare a tutto, ma almeno sarai in una posizione migliore per affrontare la situazione, quando sarà il momento.

Questo non si applica solo ai rischi finanziari, ma anche ai rapporti con altre persone, in particolare le donne. Affascinare e coinvolgere una perfetta sconosciuta per futuri rapporti è una cosa, ma dimenticare di avere un'adeguata protezione quando i vestiti si dovranno togliere è un'altra cosa. Pertanto, usa il buon senso e l'intelligenza prima di correre qualsiasi tipo di rischio.

Organizza le Tue Spese

Che tu abbia molti soldi o meno, dovresti sempre considerare che ti sarà richiesto di avere la capacità di essere un severo supervisore. Tenere traccia dei tuoi risparmi e delle tue spese mostra che sei prudente e responsabile e sarai un esempio che ispirerà gli altri a fare lo stesso. Crea budget adeguati mentalmente o sulla carta e prendi il controllo completo delle tue finanze. Ogni dollaro è importante e qualunque cosa risparmi oggi può essere utilizzata per creare una situazione migliore per te e per le persone che dipendono da te.

Non dimenticare mai che sono i tuoi soldi e il modo in cui li spendi mostra il tuo livello di disciplina e intelligenza. L'atteggiamento di un maschio alfa deve sempre riflettere il fatto che "il denaro non è un oggetto" ma, tanto per cominciare, bisognerebbe averne di soldi. Spendere soldi inutilmente per cose che non aggiungono valore a te come persona, o quelle spese che sono appariscenti e prive di sostanza, stanno ad indicare che sei qualcuno che non pensa al futuro e vive solo per il momento presente. Macchine appariscenti, orologi costosi e vacanze frivole sono solo spese irresponsabili che diminuiscono immediatamente di valore e portano alla bancarotta nel peggiore dei casi. Per un alfa, il duro lavoro, la dedizione, il risparmio prudente e gli investimenti sono il modo migliore per essere più responsabili con il denaro.

In Continua Evoluzione

Una volta raggiunto l'apice del tuo attuale status sociale, potresti sentire le cose muoversi lentamente oppure sentirle immobili, il che è un sicuro segno di ridondanza e stagnazione. Nel caso del maschio alfa, questo stato gli soffoca la vita e soffoca il suo potenziale. Quindi è necessario continuare ad andare avanti ed esplorare un nuovo orizzonte dopo l'altro. Se ritieni che la tua attuale cerchia sociale non ti stia stimolando come vorresti, non preoccuparti di andare avanti per trovare nuove interazioni sociali. Ciò ti consente di apprendere e di essere ispirato da nuove cose di cui prima non eri a conoscenza e di creare nuovi obiettivi per te stesso, che ti consentono di spingerti sempre più in là e mettere alla prova i tuoi limiti. Sii in sintonia con la tua energia e renditi conto quando devi fare una pausa. Esci dal circolo vizioso in cui ti sei messo e lotta per nuove sfide che ti facciano sentire vivo.

Affidati all'orgoglio

È un risultato enorme aver creato cambiamenti costanti e duraturi in te stesso e nel tuo stile di vita che ti renderanno una persona invidiata dal mondo. Quindi non è affatto un male essere in grado di guardarsi allo specchio provando un senso di orgoglio e apprezzamento per l'uomo che sei ora rispetto all'uomo che eri prima. Aiuta anche a fare il punto della tua situazione attuale per capire non solo quanto lontano sei arrivato nel tuo viaggio, ma quanto lontano puoi ancora andare.

Per misurare quanto stai progredendo nella tua ricerca per diventare la versione migliore di te stesso, resta concentrato su una cosa: non preoccuparti di ciò che vuoi ottenere. Rendendoti conto che il mondo è la tua casa, per quanto riguarda l'acquisizione di nuove abilità o talenti, non limiterai le tue ambizioni a determinate aree di nicchia che ti attirano. Al contrario, preferirai non provare cose che non si adattano alla tua personalità o abilità, non ancora comunque, il che significa che non dovresti andare avanti e tentare un salto col bungee jumping professionale solo perché hai voglia di spingerti oltre il limite.

Quindi controlla i tuoi progressi ed evidenzia i traguardi raggiunti lungo il percorso. Apprezza i tuoi risultati, ma non sederti sugli allori.

Crea una Lista dei Desideri

No, non quella lista dei desideri, anche se, pensandoci bene, un maschio alfa non smette di crescere e svilupparsi come se non avesse ancora ottenuto tutto ciò a cui può ambire. Certamente un maschio alfa non può star lì ad aspettare di morire in pace, ma piuttosto attende con impazienza le cose che vorrebbe ancora realizzare. E una lista dei desideri con le cose da fare prima di morire potrebbe non sembrare il modo ideale per farlo, ma invece andrebbe fatto, per sistemare tutte le cose in un'ottica futura.

Il vero obiettivo di una lista dei desideri è ed è sempre stato quello di raggiungere obiettivi nella tua vita che hai ignorato fino ad ora e che vorresti raggiungere prima di morire. Questo è equamente suddiviso in varie aree che possono comprendere l'apprendimento di nuove abilità, un viaggio in territori inesplorati, l'acquisizione di nuove conoscenze e l'istruzione e la trasformazione di sé stessi di conseguenza. Riflettici. Quando è stata l'ultima volta che hai pensato di fare qualcosa di audace come il paracadutismo o volare, esplorando il mondo su un aereo ad energia solare? O quante località esotiche nelle profondità delle regioni più oscure della giungla amazzonica hai sempre sognato di esplorare? Non sei sempre stato affascinato dalla scoperta della vita in fondo all'oceano, o hai mai sognato di voler suonare uno strumento musicale alla perfezione?

Con una lista dei desideri, sarai in grado di tenere traccia delle cose che altrimenti non saresti mai riuscito a fare. Ti aiuterà a monitorare quanto stai crescendo grazie ad ogni nuova esperienza e ti aiuterà a scoprire panorami completamente nuovi in cui immergerti.

Segna i tuoi progressi

Nell'era attuale dei blog e dei video motivazionali online, la maggior parte delle persone finisce per vivere le esperienze di altre persone piuttosto che le proprie. Se la nostra attenzione è completamente rivolta ai risultati degli altri, come possiamo raggiungere i nostri risultati? Certo, queste esperienze dovrebbero essere un'ispirazione per noi a fare lo stesso. Per lo più ci troviamo a contemplare quale valore aggiunto andrebbe attribuito a noi stessi piuttosto che realizzare il proprio vero potenziale. Scrivere della nostra crescita e delle nostre esperienze può aprire gli occhi sulla propria vita, come se qualcun altro stesse leggendo la nostra, come se fosse un libro. In passato, scrivere diari e appunti sulle proprie esperienze era una sana abitudine che donava i propri viaggi non solo per il sapere dei posteri, ma anche per guardare indietro e ottenere una consapevolezza che sarebbe potuta andare persa altrimenti.

Persino leader, professionisti, statisti e vari esperti del settore hanno conservato le proprie memorie o scritti per apprendere lezioni preziose e per fornire lezioni ad altri che potrebbero imbattersi nelle loro pagine. I leader militari, i capitani della marina, gli ufficiali e simili sono obbligati a tenere i registri delle loro imprese. Questi non sono solo rapporti tecnici che forniscono dettagli sulle loro missioni, ma prendono in esame anche la loro coscienza ogni volta che sono stati appesantiti da scelte difficili. Documentare il loro processo decisionale e i conflitti interiori fornisce loro la conoscenza e la previsione per tali situazioni in futuro.

Quindi, come maschio alfa, non ignorare il potere di scrivere un diario. Conoscere le proprie motivazioni piuttosto che quelle provenienti dagli altri ti aiuterà a delineare obiettivi per il futuro e a misurare quanto sei in grado di affrontarne alcuni nell'immediato, risparmiando ciò che ritieni di poter realizzare a tempo debito.

Gestisci il Tuo Tempo

Non dimenticare mai che il tuo tempo sulla Terra è limitato e tutti i tuoi obiettivi ti richiederanno di prenderti del tempo per lavorarci, figuriamoci per raggiungerli. Il più delle volte, le persone iniziano a lavorare su un obiettivo ma non sono in grado di dedicarvi abbastanza tempo per vedere alcun tipo di cambiamento realistico e tangibile. Il risultato finale è che rimangono delusi e disillusi dall'intero obiettivo, e questa energia negativa può riversarsi nel raggiungimento di tutti gli altri obiettivi. Ad esempio, l'apprendimento di una nuova lingua richiede non solo il seguire delle lezioni e parlare con gli altri, ma anche di parlare a te stesso e in altri contesti in cui la lingua non è necessariamente utilizzata. In breve, ha bisogno del tuo tempo che usi in altre attività per farti pensare nella lingua al fine di comprenderla meglio e acquisire fluidità e padroneggiarla.

D'altra parte, potresti anche avere un bel po' di tempo libero a disposizione e non sapere esattamente cosa farne. Tuttavia, ecco una cosa che *non dovresti mai* fare: sprecare il tuo tempo. Guardare un discutibile programma televisivo per circa un'ora al giorno è una cosa, ma puntare a guardare ininterrottamente un'intera serie di 10 stagioni nell'arco di pochi giorni è fondamentalmente buttare via tutto il tuo tempo. Fai un uso corretto del tuo tempo e sviluppa abitudini per assegnare in modo efficace la giusta quantità di tempo da destinare ai tuoi obiettivi. Stima quanto tempo è necessario dedicare per raggiungere un determinato obiettivo e quindi stabilisci un orario per non far altro che perseguire quell'obiettivo entro quel lasso di tempo. Puoi anche farlo ogni mattina mentre fai colazione o ogni sera prima di andare a dormire. Ordina mentalmente i compiti più importanti che ti aspettano e traccia un percorso per portarli a termine.

Autodisciplina

Elbert Hubbard una volta definì l'autodisciplina come "la capacità di fare ciò che devi fare, quando devi farlo, che tu ne abbia voglia o no" (Logue, 2019).

Ottenere una disciplina capace di regolare la tua vita e le tue abitudini rende la tua esistenza molto più facile ed efficiente. Promuove anche abitudini sane e positive, oltre a portare cambiamenti positivi nel tuo stile di vita. Più sei rigoroso con la tua autodisciplina, meglio riuscirai a sbloccare il tuo vero potenziale e raggiungere i tuoi obiettivi.

Vivere la tua vita con un senso di disciplina a volte può sembrare scoraggiante, quindi è importante capire come sarebbe la vita se lasci che la tua routine e le tue abitudini prendano il sopravvento. Per prima cosa, avere un approccio spensierato in un aspetto della vita si estenderà automaticamente a coprire obiettivi realmente significativi che stai mirando a raggiungere. Prima che tu te ne accorga, potresti finire per accettare te stesso, pronto a seguire il flusso e pronto a smettere di preoccuparsi delle cose come se fossero insignificanti. Ma chiediti questo: staresti meglio vivendo la vita come se fossi morto?

La tua autodisciplina ti consente di essere circondato da energia sana e positiva, e questo a sua volta ti porta a creare abitudini positive ed efficaci. Queste abitudini si diffonderanno poi nel resto della tua vita e ti permetteranno di creare la tua felicità ovunque tu possa trovarla. E sì, visto che siamo in argomento, la felicità non è così facile da raggiungere. Richiede duro lavoro, sacrificio e soprattutto voglia di migliorarsi continuamente. La felicità può essere raggiunta solo quando sei pronto per passare da ciò che eri a ciò che vuoi essere. Aiuterà anche a eliminare tutte le scuse che trovi e che ostacolano la tua proattività.

Sviluppa l'autodisciplina

In realtà è piuttosto facile trovare delle scuse per allontanarsi dall'autodisciplina. Tutto ciò che serve è semplicemente non voler fare ciò che deve essere fatto per ottenere il massimo dalla vita. Indipendentemente da qualunque cosa tu voglia ottenere dalla vita, la realtà è che nessun altro lo farà per te. Che si tratti di fare un sacco di soldi, ottenere il fisico da maschio alfa che brami o tentare un approccio con una bella donna al bar, nessun altro ti terrà la mano e te la prenderà. Una volta che sarai sufficientemente indipendente e inizierai a scegliere ciò che è meglio per la tua vita, diventerai responsabile di te stesso e delle tue scelte. Lavoro, relazioni, vicinato, diete: tutto dipende da te.

"Il più grande nemico del successo", secondo Brian Tracy, "è il percorso di minor resistenza" (Tracy, 2013). Non troverai mai la vera felicità o il successo se scegli la via più facile. Il duro lavoro, la diligenza e il sacrificio sono gli unici modi in cui si può raggiungere il successo in qualsiasi aspetto della vita. Sii responsabile della tua vita. Nessun altro ti lascerà prendere le redini della sua vita, vero? Crea uno o più obiettivi chiari e piani adeguati ad ottenere ciò che vuoi dalla vita. Quindi lavora duramente e costantemente per mettere in atto quei piani e realizzare i tuoi obiettivi. Rivedi e supera i tuoi obiettivi ogni giorno e visualizza quanto meraviglioso sarà il risultato. Al contrario, mappa anche eventuali battute d'arresto previste in modo da essere pronto ad affrontarle quando sarà il momento. Impegnati per avere successo: non c'è niente che non puoi ottenere. Potrebbe non essere oggi o domani, ma accadrà di sicuro.

Mancanza di disciplina

Potresti chiederti quanta differenza può effettivamente fare l'autodisciplina nella tua vita. Fai il punto sulle tue abitudini e poniti alcune domande semplici ma fondamentali. Hai mai lasciato un segnalibro alla metà di un libro senza più aprirlo? Hai mai comprato un DVD per allenarti da casa o una palestra indoor con l'obiettivo di rimetterti in forma, ma hai abbandonato l'idea perché pensavi di poterlo fare un'altra volta? Hai mai fatto dei buoni propositi per l'anno nuovo per sbarazzarti di una cattiva abitudine, ma non li hai mai veramente rispettati? O hai pensato di avviare un'attività in proprio? O di acquistare nuovi mobili? O addirittura di far riparare qualcosa che è decisamente logoro? A che cosa è dovuto secondo te?

La risposta è molto semplice: mancanza di autodisciplina. L'incapacità di portare a termine effettivamente tutti i piani mentali che fai e ti poni con l'obiettivo di passare da un punto all'altro, ma senza spiccare mai il volo. Puoi iniziare da piccole cose, certo, ma quando osservi il tutto da una prospettiva più ampia, puoi vedere in quale punto o momento potresti aver lasciato che la tua vita sfuggisse al tuo controllo.

Ci sono diversi motivi per cui, a volte, ci troviamo bloccati in un solco di banalità. Cominciamo a identificarci come uno sciattone o un teledipendente o colui che sa che non ha la propria vita sotto controllo e si ride a crepapelle di ciò, in compagnia dei propri amici. Prendiamo qualcosa di controproducente come la pigrizia nel nostro incedere, rendendola parte della nostra identità. Naturalmente, quando raggiungiamo l'età adulta, ci troviamo a lasciare il segno vivendo secondo le regole di nessun altro. Con l'eccezione di chi firma la nostra busta paga, crediamo di essere i padroni di noi stessi, indipendenti tanto da poter dormire fino a tardi e indossare gli stessi vestiti per una settimana senza provare rimorsi o sensi di colpa.

Conclusioni

Elimina tutti i ma e le scuse dalla tua vita. Non attribuire la colpa dei tuoi difetti a qualcos'altro. Assumiti la piena responsabilità delle tue azioni, o inazioni in questo caso, poiché è così che sarai in grado di coltivare efficacemente il tuo senso di autodisciplina. Continuare a trovare scuse e cercare di scaricare la responsabilità ti impedirà di raggiungere i tuoi obiettivi. Ecco un modo per garantirti il successo: eliminare le tentazioni. Elimina tutto ciò che ti circonda che tenta di allontanarti dai tuoi obiettivi: la pizza avanzata che potrebbe rovinare la tua dieta, o quella serie TV che non hai ancora finito di guardare. Una volta eliminate quelle tentazioni, riafferma il tuo autocontrollo e diventa più autodisciplinato.

Sii più organizzato, che si tratti del tuo cassetto dei calzini o del tuo spazio fisico complessivo. Una volta che l'avrai organizzato alla perfezione e saprai dove si trova tutto, la tua mente sarà rilassata, distesa e concentrata, considerando che la nostra forza di volontà può far fronte a tantissime cose nel corso della giornata. Praticare attività salutari come gioia, pace, amore e ottimismo ti renderà capace di eccellere in esse, ma ciò di cui non ti rendi conto è che praticare attività negative e tossiche come rabbia, lamentele e paura farà altrettanto. Questo ti porterà ad un'esistenza che non è altro che un circolo vizioso ed è in gran parte creato da te.

Proprio come i muscoli del tuo corpo, la tua autodisciplina richiede una routine di esercizi simile, che ti permette di andare avanti costantemente. Quando alleni il tuo corpo, inizi da una capacità di peso di base e poi ne aggiungi di più quando ti senti più forte e pronto ad affrontare uno sforzo maggiore. Lo stesso riguarda anche la tua autodisciplina, in quanto parti da una posizione di relativa pigrizia e di bassa risolutezza che devi migliorare ad ogni piccolo ostacolo. Controllare le tue abitudini alimentari, controllare le tue finanze, organizzare il tuo spazio vitale e mantenerlo organizzato, assumerti maggiori responsabilità in casa e intorno ad essa: tutte queste aree ti consentono di costruire la tua disciplina un passo alla volta e di esercitare un maggiore autocontrollo su aree su cui in precedenza non ne avevi. Una volta acquisito il controllo su un'area, puoi affrontare quella successiva, quella dopo ancora e così via in modo costante e con maggiore efficienza. Non esagerare, però, poiché affrontare tutto in una volta con cieca rabbia non farà che esaurirti. Inizia con qualcosa di piccolo e passa gradualmente all'area successiva che potrebbe sviluppare più autodisciplina. Alla fine, sarai orgoglioso di tutte le cose su cui ora hai un controllo.

Soprattutto, vai avanti e non fermarti mai. Che si tratti di fallimento o avversità, non smettere mai di guardare avanti. Vivi per combattere un altro giorno e impara dai tuoi errori. Il duro lavoro e la perseveranza ti faranno superare ogni ostacolo, ed è per questo che diventa qualcosa di speciale quando finalmente lo raggiungi. Se dovesse essere facile, chiunque potrebbe farlo. Ma non lo è, e solo tu, il maschio alfa, lo vuoi già abbastanza da poterlo raggiungere.

Affermazioni sull'autostima

❖ Sono Unico. Mi sento bene perché sono vivo e perché sono me stesso.

❖ La vita è divertente e gratificante.

❖ Esistono opportunità incredibili per me in ogni aspetto della mia vita.

❖ Non ci sono cose come i problemi, solo opportunità.

❖ Amo le sfide; tirano fuori il meglio di me.

❖ Sostituisco "devo", "dovrei" e "sono obbligato" con "scelgo". (Provalo con qualcosa che pensi di dover fare e sostituisci devo con scelgo... Noti la differenza?)

- ❖ Scelgo di essere felice adesso. Io amo la mia vita.

- ❖ Apprezzo tutto quello che ho. Vivo nella gioia.

- ❖ Sono coraggioso. Sono disposto ad agire nonostante ogni paura.

- ❖ Sono positivo e ottimista. Credo che le cose funzioneranno sempre per il meglio.

- ❖ È facile fare amicizia. Attiro persone positive e gentili nella mia vita.

- ❖ È facile incontrare persone. Creo relazioni positive e di supporto.

- ❖ Sono un potente creatore. Creo la vita che voglio.

- ❖ Sto bene così come sono. Accetto e amo me stesso.

❖ Sono fiducioso. Mi fido di me stesso.

❖ Avrò successo, proprio ora.

❖ Sono appassionato. Sono estremamente entusiasta e ispiro gli altri.

❖ Sono calmo e pacifico.

❖ Ho un potere illimitato a mia disposizione.

❖ Sono gentile e amorevole. Sono compassionevole e mi prendo veramente cura degli altri.

❖ Sono concentrato e perseverante. Non mi arrenderò mai.

❖ Sono energico ed entusiasta. La fiducia è la mia seconda natura.

- ❖ Tratto tutti con gentilezza e rispetto.

- ❖ Inspiro fiducia ed espiro paura.

- ❖ Sono flessibile. Mi adatto a cambiare velocemente.

- ❖ Ho integrità. Sono totalmente affidabile. Faccio ciò che dico.

- ❖ Sono competente, intelligente e capace.

- ❖ Io credo in me stesso.

- ❖ Riconosco le numerose buone qualità che ho.

- ❖ Vedo il meglio nelle altre persone.

- ❖ Mi circondo di persone che tirano fuori il meglio di me.

- ❖ Lascio andare pensieri e sentimenti negativi su me stesso.

- ❖ Amo quello che sono diventato.

- ❖ Sono sempre in crescita e sviluppo.

- ❖ Le mie opinioni risuonano con chi sono.

- ❖ Sono coerente in tutto ciò che dico e faccio.

- ❖ Merito di essere felice e di avere successo.

- ❖ Ho il potere di cambiare me stesso.

- ❖ Posso perdonare e capire gli altri e le loro motivazioni.

- ❖ Posso fare le mie scelte e prendere le mie decisioni.

- ❖ Sono libero di scegliere di vivere come desidero e di dare la priorità ai miei desideri.

- ❖ Posso scegliere la felicità ogni volta che lo desidero, indipendentemente dalle mie condizioni.

- ❖ Sono flessibile e aperto al cambiamento in ogni aspetto della mia vita.

- ❖ Agisco con fiducia avendo un piano generale e accetto che i piani siano soggetti a modifiche.

- ❖ Basta aver fatto del mio meglio.

- ❖ Merito di essere amato.

- ❖ Ho un'alta autostima.

- ❖ Amo e rispetto me stesso.

- ❖ Sono una persona fantastica.

- ❖ Mi rispetto profondamente.

- ❖ I miei pensieri e le mie opinioni sono preziosi.

- ❖ Sono fiducioso di poter ottenere qualsiasi cosa.

- ❖ Ho qualcosa di speciale da offrire al mondo.

- ❖ Piaccio agli altri e mi rispettano.

- ❖ Sono un essere umano meraviglioso, mi sento benissimo con me stesso e la mia vita.

- ❖ Sono degno di avere un'alta autostima.

- ❖ Credo in me stesso.

- Merito di sentirmi bene con me stesso.

- So di poter ottenere qualsiasi cosa.

- Avere rispetto per me stesso aiuta gli altri ad apprezzarmi e rispettarmi.

- Stare bene con me stesso è normale per me.

- Accrescere la mia autostima è molto importante.

- Avere fiducia in me stesso mi viene naturale.

- Amare e rispettare me stesso è facile.

- Esprimere i miei pensieri con sicurezza è qualcosa che faccio naturalmente.

- Ogni giorno noto che sono più autodisciplinato.

- ❖ Mi piace essere autodisciplinato.

- ❖ Sto facendo del mio meglio con la conoscenza e l'esperienza che ho ottenuto finora.

- ❖ Va bene fare errori. Sono opportunità per imparare.

- ❖ Mantengo sempre le mie promesse.

- ❖ Tratto gli altri con gentilezza e rispetto.

- ❖ Mi guardo con occhi gentili.

- ❖ Sono una persona unica e molto speciale.

- ❖ Mi amo di più ogni giorno.

- ❖ Sono disposto a cambiare.

- ❖ Accetto me stesso.

- ❖ Ci tengo a me stesso.

- ❖ Sono un figlio di Dio.

- ❖ Il mio lavoro mi dà soddisfazione.

- ❖ Rendo lode liberamente.

- ❖ Sono rispettato dagli altri.

- ❖ Mi rallegro della mia unicità.

- ❖ Attiro elogi.

- ❖ Merito il meglio nella mia vita.

- ❖ Mi apprezzo.

- ❖ Ogni giorno divento più sicuro di me.

"QUELLO CHE SIAMO È IL RISULTATO DI CIÒ CHE ABBIAMO PENSATO"

BUDDHA

Sarebbe molto apprezzato se lasciassi
una recensione, è molto importante.

mr.sean.wayne.author@gmail.com

CPSIA information can be obtained
at www.ICGtesting.com
Printed in the USA
LVHW010746140622
721221LV00009B/756